미국 부동산 트렌드
2024

미래의 부를 보는 새로운 시각
서울 아파트보다 쉽고 안전한 미국 부동산

김효지 지음

미국 부동산 트렌드 2024

EDEN HOUSE

차례

들어가는 말 2024년, 왜 미국 부동산이어야 하나? —— 6
이 책을 읽기 전에 『미국 부동산 트렌드 2024』는 무엇이 다른가? —— 12

제1장 | 포스트 코로나 시대, 미국 부동산 트렌드

01 코로나 이후의 라이프 스타일 —— 19
02 코로나 이후의 미국 부동산 시장 —— 36
03 코로나 이후 급변하는 미국 부동산 트렌드 —— 44

제2장 | 긴축의 시대, 미국 부동산 시장의 변화

01 2022년 역전되는 미국 부동산 시장 —— 65
02 2023년 리셋되는 미국 부동산 시장 —— 76

제3장 | 2024년 미국 부동산 시장 전망

01 미국 부동산 시장의 흐름을 읽고 준비하라 — 97
02 환율 변동에 따른 미국 부동산 시장을 파악하라 — 120

제4장 | 2024년 미국 부동산 시장 핫 포인트

01 지역별 핫 포인트 — 141
02 유형별 핫 포인트 — 149
03 기대되는 미국 부동산 투자 핫 플레이스 — 161

제5장 | 미국 부동산 투자 Q&A

— 180

감사의 말 2024년, 성공의 기회를 찾는 모든 이들에게 — 206

들어가는 말

2024년, 왜 미국 부동산이어야 하나?

　2020년 3월 11일, WHO가 코로나 19로 인한 팬데믹을 선언했다. 이후 3년 동안 전 세계는 생활 방식 전반에 걸쳐 현격한 변화를 경험했다. 코로나는 미국 부동산 시장에도 엄청난 영향을 미쳤다. 한마디로 정리하면 '새로운 시대로의 급속한 변화'를 예고했다.
　2020년에 미국 정부는 갑자기 찾아온 불가항력의 위기에 대처하고자 역사상 최저 금리와 양적 완화 정책을 펼쳤다. 그 결과는 인플레이션이었다. 이에 2022년에는 인플레이션을 해결하기 위해 금리 인상과 긴축 정책이 시행됐다. 그로 인해 2023년에는 경기 침체를 맞이해야 했다. 2024년에도 고금리와 인플레이션은 여전히 중차대한 과제다. 이와 같은 거시 경제에서의 변화와 함께,

뉴-노멀의 라이프 스타일이 2024년 미국 부동산 시장에 또 다른 변화를 가져올 것으로 보인다.

미국의 '외국인 부동산투자협회'는 매년 미국 부동산을 구매하거나 투자하는 국제 투자자 수와 거래액을 데이터로 만들어 발표한다. 이 데이터는 미국 부동산 시장에 매년 더해지는 국제 투자자의 수요를 계산하고, 이들이 미국 부동산 가격에 미치는 영향을 분석하는 자료로 많이 사용된다.

2023년에 '미국 부동산중개인협회'가 발표한 미국 거주용 부동산 '국제 거래 보고서'에 따르면 미국 주택을 가장 많이 구입한 국제 투자자들의 국적은 중국, 멕시코, 캐나다, 인도, 그리고 콜롬비아의 순이었다. 중국인 비중이 제일 크며, 인도의 경제 성장에 힘입어 인도인의 미국 부동산 구매도 증가하는 추세다.

다양한 국적의 국제 투자자들이 미국 부동산 시장을 선택하는 이유는 무엇일까? 전문가들은 미국의 신뢰할 만한 법률 체계, 유용한 세금 혜택, 안정된 정부, 강력한 경제, 그리고 대표적인 기축통화인 미국 달러를 꼽는다. 그리고 환율 변동, 자국의 정책, 국민소득, 경제적 불안정 등을 고려하여 투자 리스크를 분산할 목적으로 미국 부동산에 투자하는 것으로 나타났다.

이러한 글로벌 트렌드는 한국 투자자들에게 중요한 시사점을 제공한다. 한국 투자자들에게도 미국 부동산은 리스크를 분산할 수 있는 매력적인 투자 포트폴리오 중 하나일 수 있기 때문이다.

단순한 투자 다양화를 넘어, 경제적 안정과 장기적 성장을 동시에 맛볼 수 있는 현명한 선택이 될 수 있다. 그럼에도 미국 부동산 시장의 국제 투자자 목록에서 한국 투자자들은 거의 찾아볼 수 없다. 이는 한국이 다른 국가들에 비해 재테크와 투자 분야에서의 다양성이 부족함을 시사한다.

▶ 미국 부자들의 부동산 투자 전략은 어떻게 다른가?

부자가 되기 위해 알아야 할 것은 단 두 가지다. 먼저 '개인의 자산을 어떻게 늘릴 것인가', 다음으로 '늘어난 자산을 어떻게 지킬 것인가'. 부자들은 돈에 대한 생각과 습관이 보통 사람들과 다르다. 부자들은 먼저 투자하고, 남은 돈으로 소비한다. (보통은 먼저 소비하고, 남은 돈으로 투자한다.) 특히 수동소득을 창출할 수 있는 분야에 지속적으로 투자한다. 자산 가치의 안정적인 증가와 좋은 현금 흐름을 추구하고, 세금 혜택을 활용하여 자산을 지키는 미국 부동산 부자들의 투자 전략을, 나는 '미국 부동산 투자의 ABCD 매트릭스'라고 부른다.

A는 'Appreciation(자산 가치 상승)'을 의미한다. 자본 이득에 중점을 둔 투자는 '싸게 사서 비싸게 팔기' 전략이다. 그러나 팔고 나면 양도소득세를 납부해야 하고, 수동소득을 창출하던 자산도 사라진다. 그래서 미국 부자들은 단순히 세금을 내고 판매하는 전략

이 아닌, 재융자 전략을 사용한다. 미국에서는 개인이 보유한 순자산이 증가하면 그 증가분에 대한 재융자를 받을 수 있다. 이들은 재융자를 받은 돈으로 수동소득을 창출할 수 있는 새로운 부동산에 투자한다. 이때 재융자 받은 돈의 이자에 대해서는 세금 공제 혜택이 있다.

B는 'Benefit(세금 혜택)'을 의미한다. 수입이 생기면 당연히 세금을 낸다. 그러나 미국의 경우, 거주용 부동산은 27.5년, 상업용 부동산은 39년 동안 감가상각을 할 수 있다. 감가상각은 비용으로 인정받아 감가상각만큼 절세가 가능하다. 또한 동종 자산 교환을 통해 투자용 부동산을 매각하고, 다른 동종 자산으로 교환하면 양도소득세를 평생 연기할 수도 있다.

C는 'Cash Flow(현금 흐름)'를 의미한다. 현금 흐름을 늘리는 방법은 간단하다. 임대 수입을 늘리고, 비용을 줄이며, 공실률을 낮추면 된다. 주택을 개조해 임대료를 올리면 자산 가치가 증가한다.

마지막으로 D는 'Debt(부채)'를 의미한다. 자산을 증식시키고 수동소득을 창출하는 데 레버리지 효과를 이용하는 전략이다.

미국 부동산을 향한 한국 부자들의 높은 관심

미국 주식이 대한민국 재테크 시장에서 자리 잡기까지는 상당한 시간이 걸렸다. 하지만 2024년에 한국 사람이 미국 주식을 사는 건 특별한 일이 아니다. 한편 미국 부동산 투자는 아직 자리 잡지 못한 상태다. 포스트 코로나 시대, 급변하는 세계화의 추세에 맞춰 이제 한국인들도 미국 부동산을 투자 포트폴리오의 중요 구성 요소로 인식할 필요가 있다. 지금이 좋은 기회다. 미국 부동산 투자는 리스크 분산에 유리한, 현명한 선택이다.

투자자가 자신의 포트폴리오에 미국 부동산을 넣을지 말지는 물론 개인의 결정에 달렸다. 다만 그에 앞서 선택에 필요한 정보와 지식을 갖추어야 한다. 어느 종목이든 알고도 투자하지 않는 것과 정보 부족으로 투자하지 못하는 데는 큰 차이가 있다.

한국에 올 때마다 한국 부자들의 미국 부동산에 대한 관심이 매우 높다는 걸 느낀다. 일례로 매번 잠을 자지 않고 진행해도 도저히 다 소화할 수 없을 만큼 많은 미국 부동산 투자 전략에 대한 강의를 요청받는다. 그리고 내가 강의에서 ABCD 매트릭스 전략을 설명하면 모두들 크게 놀란다. 어떻게 미국에서는 이토록 강력한 세금 혜택이 가능한지와 미국의 다양한 금융 상품 때문이다. 또 한국인도 미국 부동산에 투자할 때 미국인들과 동등한 세금 혜택을 받을 수 있는지와 환율 변동에 따라 어떻게 투자 전략을 세워야 하는지도 자주 받는 질문이다.

『미국 부동산 트렌드 2024』에는 급변하는 시대에 어떻게 부동산 투자 포트폴리오의 다양성을 이해하고, 미국 부동산 시장에서 기회를 잡을지가 담겨 있다. 나는 기회를 찾는 사람들에게 실질적인 도움을 주고 싶어서 이 책을 썼다. 생생한 미국 부동산 트렌드를 전달함으로써 기회를 열어 주고 싶다. 부디 미국 부동산을 이해하고, 앞으로 미국 부동산 트렌드를 전망하는 데 도움이 되길 바란다.

무한한 가능성을 위하여!

이 책을 읽기 전에

『미국 부동산 트렌드 2024』는 무엇이 다른가?

한발 앞서 미국 부동산의 가능성을 알아본 대한민국 투자자들이 있다.

팬데믹을 거치면서 미국인들의 라이프 스타일이 크게 달라졌다. 우리에게 익숙한 뉴욕 같은 대도시보다 조지아 같은 규모는 작지만 기반 시설이 잘 갖추어진 도시들에 대한 선호가 높아졌다. 그래서 현재 조지아 주의 임대 수익률은 뉴욕과 비교해 80%가량 더 높다.

2022년에 미국 조지아 주에 있는 한 거주용 임대 주택을 40만 달러에 구입한 A는 월 임대료로 2,500달러를 받는다. 이후 A는 안정적인 투자와 경제적 자유를 위해 임대 주택 두 채를 더 구입했고, 현재는 월 7,500달러의 임대 수입을 올리고 있다.

　자녀 교육을 위해 일찍이 부동산을 구입하는 사례도 늘고 있다. B는 2023년에 자신이 가진 12만 달러에 외국인 융자로 28만 달러를 대출받아 총 40만 달러를 들여 주택 한 채를 구입했다. 당장은 이 집에 살지 않아 일단 임대를 놓았는데, 월 임대료는 2,500달러다. B가 28만 달러에 대한 월 모기지 상환액을 충분히 지불할 수 있는 금액이다.

　2022년에 조지아 주에 임대용 거주 주택을 36만 달러에 구입한 C는 월 2,500달러의 임대료를 받는다. 이후 C는 비슷한 가격의 주택을 한 채 더 구입했고, 현재는 총 월 4,700달러의 임대료를 받고 있다. 미래에 미국 이민 계획이 있어 미리 투자한 사례다.

최신 미국 부동산 트렌드를 수록했다.

　팬데믹을 겪으며 경제에 대한 사람들의 관심이 크게 높아졌다. 자연히 경제에 영향을 주는 외생 변수의 변화에 촉각을 곤두세우게 되었다. 부동산은 삶의 터전이기도 하지만 경제 활동의 한 부분이다. 중요한 수익을 창출하는 재테크 분야이기도 하다.

　지금은 투자 포트폴리오 중 하나로서의 미국 부동산뿐만이 아니라, 경제적 안정성과 장기적 성장을 위해서도 미국 부동산 투자를 고려해야 할 때다. 실제로 미국 부동산에 관심 있는 이들도 제법 있다. 그럼에도 아직까지 미국 부동산 트렌드를 전문적으로 다룬 책은 거의 없었다. 팬데믹 이후로 미국 부동산이 자주 이슈가 되면서 하나둘 미국 부동산을 다룬 책들이 출간되고 있지만, 여전히 투자의 가장 중요한 요소인 '트렌드'를 생생하게 다룬 책은 없다. 현지 시장을 정확하게 파악하지 못하면 사막에서 우산을 파는 것과 다를 게 없다. 즉, 정확한 전략이 나올 수 없어 실패할 확률이 높다.

나는 미국에서 22년째 미국 부동산 전문가로 활동하고 있다. 이 책에서 그동안 현지에서 겪은 생생한 경험과 데이터를 기반으로 한 팩트를 중심으로, 미국 부동산 트렌드를 생생하게 전달하고자 한다.

⑤ 최고의 미국 부동산 전문가가 꼽은 2024년 미국 부동산 핫 플레이스를 수록했다.

『미국 부동산 트렌드 2024』는 팬데믹 이후의 미국 부동산 트렌드를 리뷰한다. 데이터를 기반으로 2024년 미국 부동산 시장을 전망하면서, 2024년 미국 부동산 핫 포인트가 될 곳들을 짚었다.

제1장 '포스트 코로나 시대, 미국 부동산 트렌드'에서는 미국 부동산 시장의 대전환점인 팬데믹 이후 급변하고 있는 미국의 라이프 스타일과 그로 인해 변한 미국 부동산 트렌드를 전반적으로 정

리했다. 제2장 '긴축의 시대, 미국 부동산 시장의 변화'에서는 코로나 종료 이후 긴축의 시대로 바뀌었던 과정을 리뷰했다. 제3장 '2024년 미국 부동산 시장 전망'에서는 미국 주택 가격 동향을 세밀하게 짚어 보면서 2024년 미국 부동산 시장과 트렌드를 예측해 보았다. 또 환율 변동에 따른 국제 투자자의 헤지 전략도 살펴보았다. 제4장 '2024년 미국 부동산 시장 핫 포인트'에서는 2024년에 국제 투자자로서 반드시 알아야 하는 미국 부동산 투자 핫 포인트를 지역별·유형별로 짚어 보면서 기대되는 핫 플레이스를 선별하여 소개했다. 마지막 장인 제5장 '미국 부동산 투자 Q&A'에서는 한국 투자자들이 가장 궁금해하는 질문을 정리했다.

미국 부동산 시장에서 2024년은 위기와 기회가 공존하는 해가 될 것이다. 어떤 사람들에게는 위기이겠지만, 또 다른 사람들에게는 절호의 기회가 찾아올 수 있다. 그 기회는 틈새시장에서 찾아야 한다. 그리고 틈새시장에서 기회를 찾기 위해서는 미국 부동산 시장의 현재와 미래의 트렌드를 정확하게 파악하고, 준비하고, 또 대처해야 한다.

제1장

포스트 코로나 시대, 미국 부동산 트렌드

2024

코로나 이후의
라이프 스타일

2020년 3월 11일, 세계보건기구^{WHO}는 코로나 19를 전 세계에 영향을 주는 팬데믹으로 선언했다. 이후로 미국의 라이프 스타일은 여러 면에서 변화했다. 마스크 착용, 사회적 거리 두기 같은 것들은 일시적인 변화였다. 어떤 부분에서의 변화는 현재도 진행 중이며, 일부는 영구적이 될 것이다. 이 과정에서 새로운 트렌드가 등장했다.

코로나 19 이후의, 투자자로서 우리가 주요하게 살펴봐야 할 미국의 라이프 스타일 변화를 알아보자.

(1) 원격, 재택 근무 증가

팬데믹 기간 동안에 미국에서는 (근로자의 자발적 또는 비자발적 선택과 관계없이) 원격 근무가 급격하게 증가했다. 이 기간 동안 수많은 근로자가 원격 근무를 경험했다. 이제는 공식적으로 팬데믹이 종료되었음에도 불구하고, 팬데믹 기간 동안 원격 근무를 경험한 많은 근로자가 자신이 일하고 싶은 근무 형태로 원격 근무를 꼽고 있다.

2023년 4월에 미국 인구조사국United States Census Bureau이 발표한 보고서에 따르면, 재택 근무를 하는 미국 내 근로자 비율은 2019년부터 2021년까지 그 이전에 비해 3배 이상 증가했다. 그중 여성

◆ 미국 근로자 통근 수단

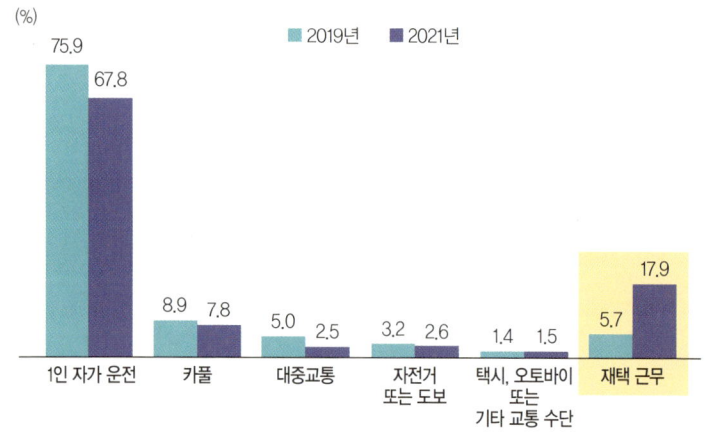

출처: 미국 인구조사국

과 고소득층의 증가율이 가장 높았다. 팬데믹 이전인 2019년에는 미국 내 근로자의 5.7%만이 재택 근무를 했으나, 불과 2년 만에 재택 근무 비율이 17.9%로 세 배 이상 증가했다. 1,900만 명 정도의 근로자가 재택 근무를 한 것이다.

미국 지역사회 조사American Community Survey의 분석에서는 소득 수준은 물론, 성별과 인종에 따라 재택 근무의 증가와 확산 경향이 다른 것으로 나타났다. 최고 소득 상위 10%에 속하는 이들의 재택 근무 비중은 2019년 10.5%에서 2021년 37.9%로 3.6배 증가했다. 반면에 소득이 낮은 근로자들(하위 40%)은 평균 2배 정도 증가했다.

◆ 미국 소득군별 재택 근무자 비율

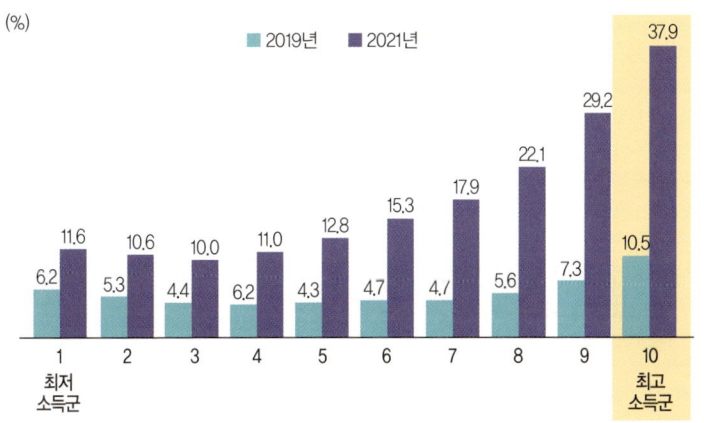

출처: 미국 지역사회 조사

인종별로도 보자. 팬데믹 동안 아시안, 히스패닉 등 여러 인종 전체의 재택 근무 비율은 최소 두 배 이상 증가했다. 반면에 백인 근로자의 재택 근무 비율은 2019년 80.5%에서 2021년 66.8%로, 다른 인종들과는 다른 결과를 보여 주었다. 또 아시아계 근로자들은 그들이 전체 노동 인구에서 차지하는 비율인 6.2%보다 더 높은 9.6%(2021년 기준)가 재택 근무를 하는 데 반해, 히스패닉계 근로자의 경우에는 오히려 팬데믹 이전보다 재택 근무 비율이 감소했다. 이와 같은 격차는 미국 내 근로자들의 인종별 소득 불균형으로 심화될 가능성이 높다.

◆ **미국 인종·민족별 재택 근무자 비율**

인종·민족	2019년				2021년			
	통근		재택		통근		재택	
	%	오차범위(±)	%	오차범위(±)	%	오차범위(±)	%	오차범위(±)
단일 인종	97.3	0.1	97.5	0.1	88.1	0.1	90.5	0.1
백인	72.8	0.1	80.5	0.3	62.2	0.1	66.8	0.2
흑인	12.2	0.1	7.8	0.2	11.4	0.1	9.5	0.1
아시아인	6.2	0.1	5.7	0.1	5.5	0.1	9.6	0.1
일부 다른 인종 (미국 인디언 및 알래스카 원주민, 하와이 원주민 및 기타 태평양 섬 주민 포함)	6.1	0.1	3.5	0.1	9.0	0.1	4.5	0.1
혼혈	2.7	0.1	2.5	0.1	11.9	0.1	9.5	0.1
히스패닉계 또는 라틴계 출신(모든 인종)	18.1	0.1	11.9	0.2	19.5	0.1	11.7	0.1
히스패닉계나 라틴계가 아닌 백인	61.0	0.1	72.1	0.3	59.1	0.1	64.6	0.2

출처: 미국 인구조사국

성별에 따라서도 차이가 있었다. 아래 표에서 볼 수 있듯이 팬데믹 이전에는 여성의 재택 근무 비율이 남성보다 더 높았다. 하지만 2019년부터 2021년에는 50.7%에서 51.3%로 소폭만 증가했다. 여성은 관리, 비즈니스, 과학 및 예술, 판매 및 사무직 등 예전부터 원격 친화적인 직업군에서의 비중이 높다.

♦ 미국 성별 재택 근무자 비율

성별	2019년				2021년			
	통근		재택		통근		재택	
	%	오차 범위 (±)	%	오차 범위 (±)	%	오차 범위 (±)	%	오차 범위 (±)
남성	53.0	0.1	49.3	0.3	53.9	0.1	48.7	0.2
여성	47.0	0.1	50.7	0.3	46.1	0.1	51.3	0.2

출처: 미국 인구 조사국

2023년에 미국 정부가 공식적으로 팬데믹 종료를 선언했음에도 원격 근무는 계속 증가했다. 팬데믹은 지나갔어도 원격 근무 추세에서는 지나간 팬데믹이 원격 근무를 가속화시키는 촉매제로 기능할 수 있다는 사실을 보여 준다.

미국의 직업 분석 전문 업체인 집피아 커리어 엑스퍼트^{Zippia} $^{Career\ Expert}$의 자료를 기반으로 하여 팬데믹 전후 원격 근무 변화의 주요 내용을 정리했다.

➡ **팬데믹 이전에는 근로자의 6%만 완전 원격 근무를 했다.**

코로나 이전에는 미국 근로자의 75% 이상이 원격으로 일한 적이 없었다. 이 데이터는 코로나로 원격 근무에 대한 관심과 시행이 급증했음을 알려 준다.

➡ **2018년부터 2021년까지 원격 근무 근로자 수가 4배 증가했다.**

2018년에는 근로자의 6%만이 완전 원격으로 근무했지만 2021년에는 26.7%가 완전 원격으로 근무했다. 원격 근무 근로자 중 여성이 35%, 대학 졸업자가 38%로 가장 높은 비율을 차지했다. 반면에 대학 학위가 없는 근로자 중에서는 17%만이 팬데믹 기간 동안 원격 근무를 했다.

➡ **전문가들은 2025년까지 원격으로 일하는 미국 내 근로자가 3,620만 명에 달할 것으로 예측한다.**

이는 원격으로 일하는 근로자가 700만 명에 불과했던 팬데믹 이전보다 무려 517% 증가한 수치다.

➡ **경영자의 85%는 원격 근무가 뉴-노멀이 될 것으로 예측한다.**

2020년 12월에 발표된 미국 내 채용 관리자를 대상으로 한 업워크Upwork(세계 최대 마켓 플레이스)의 설문 조사에 따르면 근로자의 59%가 원격 근무를 허용하지 않는 고용주보다 원격 근무를 허용하는 고용주를 선호했다. 또한 이 조사에 응한 근로자의 74%는 원격 근무를 허용하지 않는 회사보다 원격 근무를 허용하는 회사를 그만둘 가능성이 낮다고 답했다. 원격 근무 유무가 근로자가 회사를 정하는 기준으로 작용하는 것이다.

➡ 근로자의 81%는 계속 원격 근무가 시행되기를 바란다.

대다수의 근로자가 원격 근무를 선호했다. 심지어 팬데믹 이전에는 원격으로 근무한 적 없는 근로자도 원격 근무를 경험하고는 이를 선호했다.

(2) 하이브리드 근무 방식

팬데믹 이전에도 일부 미래 지향적인 기업들은 어디서나 업무를 볼 수 있는 원격 근무 방식을 채택했다. 그리고 팬데믹 기간 동안에 그동안 전통적인 업무 방식만 허용하던 회사들도 정부의 여러 규제와 봉쇄 때문에 어쩔 수 없이 원격 근무 방식인 재택 근무를 시행했다. 일부 근로자들은 회사 건물로 출퇴근할 필요가 없고, 줄어든 출퇴근 소요 시간만큼 가족 및 친구들과 시간을 보낼 수 있어 재택 근무를 반겼다. 반면에 일부 근로자들은 재택 근무가 작은 공간에 고립되고 정신적으로 힘들며 창의성마저 저해한다고 여겼다.

재택과 비재택 근무를 모두 경험한 근로자들은 업무의 효율성 및 안정성을 위해 가정과 직장 생활의 균형을 맞춰 주는 '중도'가 있어야 하며, 그것이 하이브리드hybrid 근무 스타일이라고 생각했다. 하이브리드 근무란 무엇일까? 근로자들이 부분적으로는 오피스 같은 실재하는 장소에서 일하고, 부분적으로는 원격을 통해 집이나 오피스를 벗어난 공간에서 근무하는 유연한 근무 방식이다.

글로벌 500대 미국 기업이자 세계 최대 컨설팅 기업인 액센츄어Accenture의 연구에 따르면 "하이브리드 근무를 경험해 본 적이 있냐?"라는 질문에, 전체 응답자의 58%가 팬데믹 기간 동안 경험했다고 답했다. 또한 액센츄어는 전적으로 현장에서 일하거나 완전히 원격으로 일한 사람들보다 하이브리드 근무를 한 이들의 정신 건강이 더 좋고, 업무 관계가 더 튼튼하며, 업무 스트레스로 인한 탈진이 덜하다고 보고했다. 마지막으로 응답자의 83%가 하이브리드 근무 방식이 미래의 가장 좋은 근무 방식이 될 것이라고 생각한다고 답했다.

마이크로소프트의 2021년 업무 동향 지수에 따르면 대부분의

♦ 하이브리드 근무 선호도

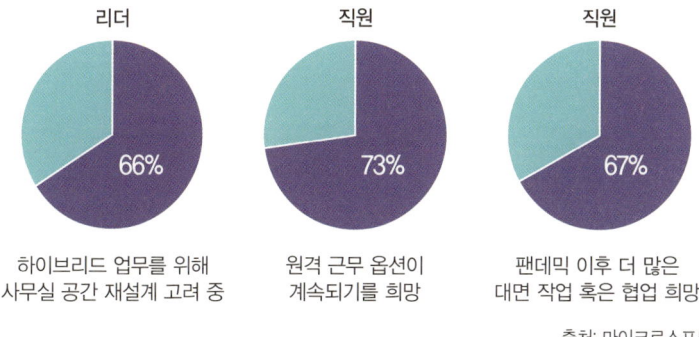

출처: 마이크로소프트

근로자가 팬데믹 이후에도 하이브리드 근무 방식으로 일하기를 바랐다. 이 조사는 독립 조사 기관인 에델만 데이터 앤드 인텔리전스Edelman Data and Intelligence가 2021년 1월 12일부터 1월 25일까지 미국 내 31개 시장의 정규직 또는 자영업 근로자 3만 1,092명을 대상으로 실시했다. 조금 더 자세히 들여다보자. 리더의 66%는 회사에서 하이브리드 업무를 위해 사무실 공간을 재설계하는 것을 고려 중에 있었다. 또 직원의 73%는 유연한 원격 근무 옵션이 계속 유지되기를 원했다. 그리고 직원의 67%는 팬데믹 이후 더 많은 대면 작업이나 협업을 바랐다.

다음으로, 하이브리드 근무와 재택 근무의 차이를 알아보자. 하이브리드 근무와 재택 근무는 공통점도 많지만 근무 방식에서 차이가 있다.

- 하이브리드 근무
  : 근로자가 자신의 근무를 오피스에서 일하는 것과 원격으로 일하는 것으로 나누어서 유연하게 근무하는 방식이다.
  (예: 화요일부터 목요일까지는 오피스에서 일하고, 월요일과 금요일은 자신이 원하는 장소에서 원격으로 근무한다.)
- 재택 근무
  : 월요일부터 금요일까지, 정해진 근무 시간 동안 집(혹은 회사가 아닌 작업 공간)에서 근무하는 방식이다.

여기에 더해 하이브리드-재택 근무 방식도 있다. 전체 근로자의 일부는 원격으로 근무하고, 다른 일부는 오피스에서 근무하는 방식이다. 조금 더 자세히 설명하자면 전체 근로자 중 재택 근무 지정 근로자들은 대부분의 업무 시간 동안 원격으로 근무하고, 오피스 근무 지정 근로자들은 대부분의 업무 시간 동안 오피스에서 업무를 처리하는 방식이다.

근로자는 자신이 속한 직업군과 각 개인의 성향에 따라 선호하는 근무 방식이 다를 수 있다. 따라서 회사 또한 일률적인 근무 방식을 지정하기보다는 유연한 근무 방식을 제시하는 추세다. 특히 팬데믹 이후 과거의 획일화된 근무 형태에서 벗어나 하이브리드 근무 방식을 채택, 활용하는 기업이 늘고 있다. 하이브리드 근무 방식을 제안하는 기업과 이를 선택하는 근로자의 의사 결정으로 근무 형태를 조절하는 유연함이 뉴-노멀의 한 부분으로 자리 잡고 있다.

(3) 블레저

이름에서 유추할 수 있듯이 블레저Bleisure는 업무상의 출장인 비즈니스 트립Business Trip과 여가를 뜻하는 레저Leisure의 합성어다. 업무를 위해 다른 나라나 도시로 떠나는 출장에서 비즈니스 '전', '도중', '후'에 개인이 여가 시간을 갖는다는 것을 의미한다. 블레저는 팬데믹 이전에도 성장세를 보였지만 팬데믹 기간 동안 회사에 출근하지 않고 원격으로 일하는 근로자의 수가 늘어나고, 팬데믹 종료와 더불어 한동안 중단했던 여행을 다시 떠나는 수요가 폭발적으로 증가하면서 엄청난 성장세를 보이고 있다.

과거에 출장이란 2-3일간의, 업무만을 위한 여정을 의미했다. 컨퍼런스 참석, 바이어 미팅, 지점 관리 등 철저히 목적 지향적인 일정으로 움직였다. 그 목적이 끝나면 곧장 회사나 집으로 복귀했다. 지금은 사람들의 인식이 바뀌었다. 프리랜서 작가부터 기업 임원에 이르기까지, 점점 더 많은 근로자가 비즈니스 트립과 레저를 혼합한다. 이것이 확실한 트렌드가 되면서 여행자, 기업 및 여행 산업 전반에 커다란 영향을 주고 있다. 궁극적으로는 여행 산업 및 업무의 미래를 변화시키리라 예상한다.

블레저가 빠르게 성장한 이유는 무엇일까? 팬데믹 동안 많은 사람이 집에서 일하게 된 것이 무엇보다 큰 요인이다. 근로자가 다양한 장소에서 일할 수 있게 되면서 블레저를 위한 토대가 마련되었다. 북미 최대 여행 에이전시 기업인 트래블 엣지 네트워크 Travel Edge Network에 따르면, 팬데믹 이후로 블레저가 25% 증가했고, 블레저 기간 역시 팬데믹 전과 비교하여 3배 정도 증가했다고 한다.

(4) 온라인 쇼핑 급증

대면 활동을 제한받았던 팬데믹 기간에 기업들은 살아남기 위해 전자 상거래 판매 채널로 눈을 돌렸다. 팬데믹 이전부터 온라인, 글로벌 소비자들은 자신이 선호하는 웹사이트(글로벌 디지털 구매의 44%)와 온라인 마켓 플레이스(글로벌 디지털 구매의 47%)를 통해 자신들이 필요로 하는 물건을 구입했다. 그리고 코로나 기간 동안 구매 경향의 디지털 전환으로 글로벌 기업들의 전자 상거래가 어느 때보다 많이 증가했다. 팬데믹이 끝난 후 글로벌 비즈니스 패

♦ 2015-2024년 전 세계 총 소매 매출 중 전자 상거래 비중

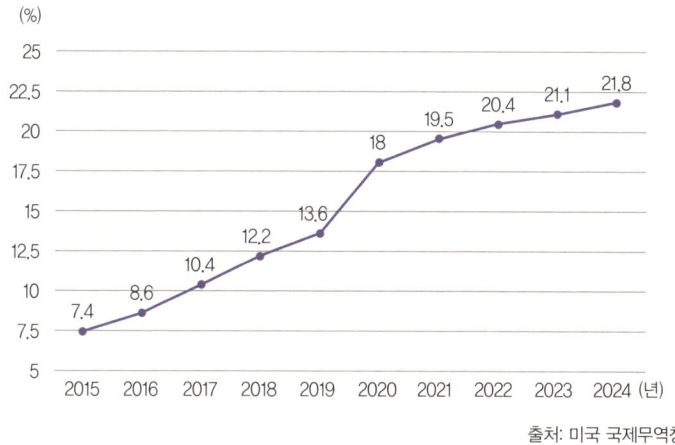

출처: 미국 국제무역청
* 2024년은 추정치다.

러다임은 완전히 디지털로 전환되었으며, 이 과정에서 여러 기업이 온라인 판매 다각화를 통해 새로운 기회를 창출했다.

미국 국제무역청International Trade Administration에서 제공한 2015-2024년 전 세계 총 소매 매출 중 전자 상거래 비중을 보자. 계속 상승했지만 특히나 2019년부터 2020년까지 눈에 띄게 상승했음을 알 수 있다. 2024년까지 소매 부문에서의 전자 상거래 비중은 꾸준히 성장하리라 예상한다.

(5) 배달 서비스 급증

미국에서 배달 서비스의 인기가 높아진 것을 두고 새로운 추세라고 말할 수는 없다. 팬데믹 이전부터 배달 서비스의 편리함을 알고 있었고, 그만큼 많이 활용해 왔다. 일례로 2015년부터 2020년까지 미국의 택배 및 지역 배송 서비스 산업은 매년 평균 4.7%씩 시장 규모가 성장했다.

그리고 팬데믹을 거치면서 더욱 많은 사람이 전자 상거래 사이트, 음식 배달 플랫폼 및 기타 유형의 배달 서비스를 이용하면서 자신이 좋아하는 제품과 브랜드를 얼마나 쉽고 편리하게 구매할 수 있는지 실감했다. 그 결과 배달 서비스에 대한 수요는 더욱 증가했다.

특히 바이러스 확산을 늦추기 위해 정부가 도시를 봉쇄하면서 사람들은 배달 서비스가 단순 편의 이상의 역할을 한다는 사실을 깨달았다. 배달 서비스를 통해 식품, 위생용품 같은 필수품을 꾸준하게 공급받았던 것이다. 이것이 집에서 안전하고 건강하게 지낼 수 있는 수단이 되어 주었다.

보스턴에 본사를 둔 미국의 경영 컨설팅 회사 베인&컴퍼니 Bain&Company의 조사에 따르면, 팬데믹 이전에는 미국 식료품 지출의 약 3-4%만이 온라인에서 이루어졌다. 월마트의 대규모 투자에도 미국은 전 세계에 있는 다른 지역들보다 온라인 쇼핑 비율이 낮았다. 반면에 대한민국, 중국, 영국 등의 소비자들은 더 빨리 온라인 식료품 쇼핑의 편리성을 깨달았다. 베인&컴퍼니에 따르면, 한국과 중국에서는 식료품 지출의 각각 19%와 14%가 온라인에서 발생했고, 영국은 약 7%가 온라인에서 발생했다.

팬데믹이 최고조에 달하는 동안 미국에서는 온라인 식료품 매출이 전체 식료품 매출의 10-15%를 차지하게 되는데, 팬데믹 이전과 비교했을 때 5배나 증가한 수치다.

(6) 디지털 엔터테인먼트

팬데믹 전부터 디지털 판매, 스트리밍 서비스, 게임 및 사용자가 직접 만드는 콘텐츠 영상 제작이 활발하게 진행되었지만 팬데믹으로 미디어 및 엔터테인먼트 산업에서 이러한 활동이 더욱 가속화되었다. 팬데믹 기간 동안 다운로드 및 스트리밍 콘텐츠의 급증으로 일부 인터넷 서비스 제공업체에서는 데이터 사용량이 60% 이상 늘었다. 전체적으로는 데이터가 30% 이상 더 많이 소비되었다.

물론 팬데믹 이전부터 사람들이 디지털 엔터테인먼트에 소비하는 시간은 늘어나는 추세였다. 하지만 팬데믹 이후로는 15세 이상 미국인이 여기 소비하는 시간이 기하급수적으로 증가했다. 팬데믹 발생 몇 달 만에 사람들은 자신들의 세계를 물리적 세계에서 디지털 세계로 교체해야 했다. 이러한 흐름을 타고 현실 세계에서 디지털 세계로의 이동이 가속화되었다. 제일 크게 성장한 분야는 '영상 채팅'이었다. 제한된 대면 친목 활동을 가장 잘 대체하는 수단이었기 때문이다.

또한 팬데믹은 사람들이 엔터테인먼트와 비디오 게임을 즐기는 방식에도 영향을 미쳤다. 2020년 3월 20일에 출시된, 닌텐도 Nintendo에서 발매한 라이프-시뮬레이션 게임《모여봐요 동물의 숲 Animal Crossing: New Horizons》처럼 시뮬레이션된 세계 내에서 캐릭터의 삶을 제어하는 소셜-시뮬레이션 게임이 호황을 누리고 있다.《포트나이트 Fortnite》같은 비디오 게임은 콘서트와 토크쇼를 주최함으로써 단순한 비디오 게임에서 소셜 플랫폼으로의 변모를 꾀했다.

팬데믹은 파티, 콘서트, 결혼식, 졸업식, 데이트, 생일 파티 등 모든 유형의 이벤트를 실재가 아닌 가상 공유 공간에서 디지털로 수행하게 만드는 촉매제 역할도 했다. 이러한 가상 공간은 현실 세계와 거의 같은 현실, 즉 '메타버스' 같은 공간이다. 봉쇄 기간 동안 현실 세계는 가상 세계로 바뀌었다. 다시 말해, 우리가 대면으로 수행했던 상호작용을 가상 세계에서 수행하게 되었다. 사람들은 직접 만나는 대신 줌에서 미팅했고, 가상 공간에서 친구들과 파티를 열었다.

《포춘》선정 글로벌 500대 기업 5곳 중 4곳에 서비스를 제공하는 글로벌 컨설팅 회사 딜로이트Deloitte의 연구에 따르면, 팬데믹 동안 새로운 디지털 활동이나 구독을 시도한 소비자의 3분의 2 이상이 팬데믹 종료 후에도 새로운 활동이나 구독을 계속할 가능성이 있다고 답했다. 그리고 액세스 관리 소프트웨어 회사인 포지록Forge Rock의 조사에 따르면 소비자의 거의 절반이 팬데믹 이전보다 팬데믹 이후에 더 많은 온라인 서비스와 앱을 사용한다고 한다.

팬데믹 이후 미국의 라이프 스타일 변화는 아주 다양하다. 그중 미국 부동산 트렌드를 이해하는 데 참고할 만한 것들만 간략하게 살펴봤다.

코로나 이후의
미국 부동산 시장

팬데믹을 통해 우리는 두려움, 미래의 불확실성, 그리고 최근의 역사에서 가장 중요한 라이프 스타일의 변화를 경험했다. 우리의 일과 삶의 방식은 절대로 팬데믹 이전의 그것과 같아질 수 없다. 미국 부동산 시장이 앞으로 어떻게 전개될지도 마찬가지다. 코로나 이후 급변하는 미국 부동산 트렌드를 살펴보기에 앞서, 먼저 코로나 19가 미국 부동산 시장에 어떠한 변화를 가져왔는지 보도록 하자.

(1) 코로나 전 미국 주택 시장

코로나 19 이전의 미국 부동산 시장은 전반적으로 좋았다. 2020년 3월 13일에 당시 미국 대통령이었던 도널드 트럼프가 팬데믹 발표를 하기 전까지, 미국의 부동산 시장은 3% 중반대의 저금리와 약 2-2.5개월의 인벤토리inventory(재고량)로, '매도자 우위 시장'을 유지하고 있었다. 게다가 완전 고용에 가까운 낮은 실업률(3.7%) 등의 긍정적인 경제지표로 시장 분위기가 좋았다.

2013년부터 2020년 초까지, 미국의 주택 가격은 연평균 5% 정도 꾸준히 상승해 오고 있었다. 이것이 미국의 전반적인 주택 시장 분위기를 대변한다.

(2) 코로나 후 미국 주택 시장

코로나로 위축된 경제 문제를 해결하고자 제로(0)에 가까운 기준금리와 거대 규모의 양적 완화가 (시장이 반응할 때까지) 여러 차례 시행되었다. 시장에 갑자기 엄청난 수량의 달러가 풀리면서 사람들이 소비할 수 있는 기반이 만들어졌고, 정부는 이를 통해 위축된 경제를 다시 활성화시키고자 했다.

이러한 배경에서 미국 부동산 시장이 어떤 변화를 맞이했는지를 큰 맥락에서 요약해 보자.

첫째, 사람들이 인구 밀도가 높은 도심에서 도심 외곽 지역으로 이동했다. 바이러스 확산을 두려워한 사람들이 인구 밀도가 적은 도심 외곽 지역으로 옮겨 간 것이다.

둘째, 오래전에 확립된 시장을 구축했고 그만큼 인구 밀도가 높고 물가도 비싼 지역인 1선 도시(뉴욕, 로스앤젤레스, 샌프란시스코 등)에서는 인구가 빠지고, 상대적으로 저평가되었으나 신규 건설이 활발한 2선 도시(애틀랜타, 댈러스, 오스틴 등)에서는 인구가 늘었다. 원격 근무 활성화로 회사와 집의 물리적 거리가 큰 문제가 되지 않았기 때문에 경제성을 고려하는 사람들이 좀 더 나은 생활환경을 위해 비교적 물가가 저렴한 지역으로의 이동을 결정했다.

셋째, 바이러스 확산을 막고자 도시를 봉쇄한 상황에서 사람들은 안정적인 주거용 부동산을 선호하게 되었고, 대부분의 부동산 투자자들이 주택 시장에 몰렸다.

보다 세부적인 맥락에서 본다면 코로나 19 이후 나타난 두드러진 특징은 급격한 수요량 증가와 현격한 공급량 부족이었다.

급격한 수요량 증가의 이유부터 살펴보자.

첫째, 50년 만에 맞이한 사상 최저 금리는 사람들에게 저축보다는 투자 쪽으로 방향을 돌리게 했다. 거대 규모의 양적 완화는 인플레이션 헤지inflation hedge 수단으로 작용함으로써 사람들이 주택 시장에 몰렸다.

둘째, 재택과 원격 근무가 증가하면서 사람들은 더욱 쾌적하고 안전한 공간을 필요로 했다. 따라서 복잡한 도심보다는 외곽 지역이더라도 넓고 안락한 집을 구입하기 위해 주택 시장에 몰렸다.

셋째, 팬데믹으로 경제에 대한 불확실성이 높아졌다. 부동산 투자자들 역시 안정적인 투자를 위해 상업용 부동산보다는 거주용 부동산을 선호했다. 따라서 투자자들이 주택 시장으로 몰리면서 수요량이 증가했다.

넷째, 임대료 상승으로 저금리로 대출받아 집을 사려는 1980년대 초부터 2000년대 초에 출생한, 이른바 '밀레니얼 세대' 수요자가 급증했다.

다음으로 공급량이 현격하게 부족했던 이유를 보자.

첫째, 이미 주택을 갖고 있는 주택 소유자들이 (코로나 바이러스의 확산을 두려워하여 안정성을 고려해) 집을 내놓지 않았다.

둘째, 2010년부터 사실상 주택 수가 부족했고, 여기에 바이러스 확산을 막고자 도시를 봉쇄한 상황에서 건축 재료가 제대로 공급되지 못함으로써 신규 주택 수가 빠르게 증가하지 못했다.

셋째, 원자재 부족으로 건축 자재 가격이 상승하여 건설사들이 빠르게 주택을 지을 수 없었다.

이와 같은 변화로 집을 사기 위한 경쟁이 치열해졌고, 그 결과 집값이 무섭게 올라갔다. 미국 부동산중개인협회National Association of Realtors, NAR의 데이터를 통해서도 알 수 있듯이 미국의 기존 주택 중간 가격은 로켓 상승했다.

◆ 미국 기존 주택 중간 판매 가격

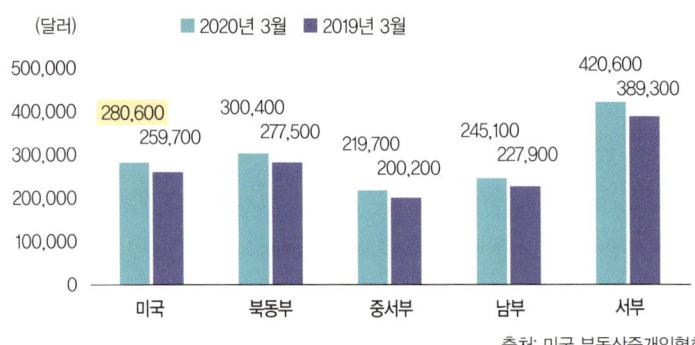

출처: 미국 부동산중개인협회

◆ 미국 기존 주택 중간 판매 가격

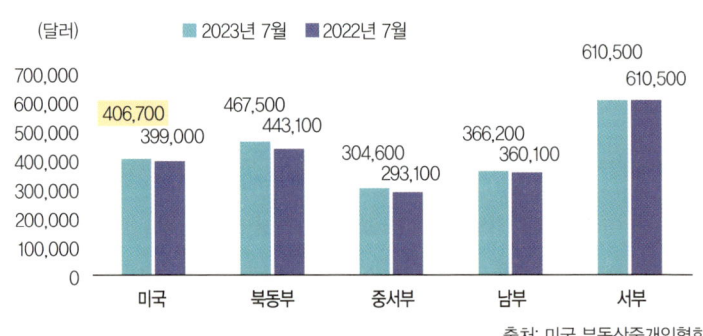

출처: 미국 부동산중개인협회

2020년 3월 28만 600달러였던 미국 기존 주택 중간 판매 가격이 2023년 7월에는 40만 6,700달러에 이른다.

> **용어 설명**
>
> **인플레이션 헤지**
> 화폐 가치 하락에 대비하기 위해 주식이나 토지, 건물, 상품 등을 구입하는 것. 헤지 목적으로 주식에 투자하는 경우에는 금속, 귀금속, 목재 등 1차 산업에 관련된 주식을 편입하는 게 보통이다.

(3) 2021년, 광란의 미국 주택 시장

미국 연방준비제도Federal Reserve System(약칭 '페드Fed')는 코로나로 인한 경제위기를 극복하기 위한 경기 부양 조치를 시행하는 데 핵심 역할을 수행했다. 그중 하나가 사상 최저 금리 유지였다. 이것이 궁극적으로 미국 주택 시장에 상당한 영향을 미쳤다.

개인이 낮은 모기지 금리로 주택을 구입하거나, 기업이 새 부동산에 투자하거나 기존 부동산을 확장하는 일이 보다 쉬워졌기 때문이다. 팬데믹 초기, 경제 전망이 불확실한 시기에 저금리가 부동산 시장을 활황으로 이끌었다. 그리고 이후 몇 년간 전례 없는 주택 가격 상승을 촉진시켰다.

2020년 7월에 모기지 금리가 처음으로 3% 아래로 떨어졌지만, 여기서 그치지 않고 계속 하락하여 2021년 1월에는 미국 역사상 최저치인 2.65%를 기록했다. 2021년 평균 모기지 금리는 2.96%로, 주택 구매자와 기존 모기지를 재융자하려는 사람들에게는 믿을 수 없을 만큼 낮은 수치였다.

낮은 금리는 긍정적인 면도 있지만 부정적인 면도 있다. 사람들은 낮은 금리에 적응되고 중독되었다. 최저 금리는 경제 지원 방안으로 고안된 것이라 어느 정도 시간이 지나면 금리가 올라갈 게 당연했다. 다만 금리가 오르기 시작하면 사람들은 (금리 인상에) 부정적으로 반응하여 시장에서 멀어진다. 게다가 저금리가 인플레이션에 기여하며 팬데믹 이후 미국 주택 시장의 장애물이 되고 만다.

◆ 1971-2023년 미국 30년 만기 주택 담보 대출 금리 변화

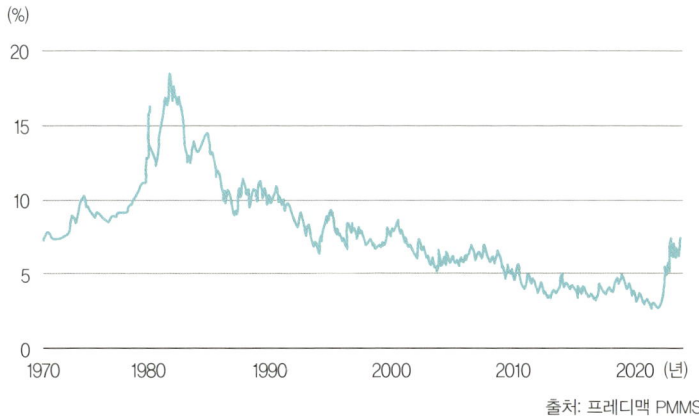

출처: 프레디맥 PMMS

최저 금리로 더 많은 사람이 미국 주택 시장의 유효 수요로 몰리는 반면, 미국의 주택 공급은 그만큼 부족해졌다. 2021년은 역사적인 주택 가격 상승을 기록한 해였다. 기존 주택을 구입하기 위한 가격 경쟁은 너무나 치열했고, 신규 주택을 구입하기 위해서도 대기자 명단에 등록하고 몇 개월을 기다려야 했다. 전체 구매자의 3분의 1은 현금으로 주택을 구입했고, 생애 첫 주택 구매자들은 자본력에서 밀려 집을 구입하기 힘들었던, 그야말로 광란의 한 해였다.

한겨울에도 '주택 광란'…
과연 2022년은?

코로나 이후 급변하는 미국 부동산 트렌드

팬데믹으로 미국의 라이프 스타일이 빠르게 변화했고, 미국인들이 뉴-노멀에 적응하면서 부동산 시장의 급속한 변화를 예고했다. 근무 환경의 변화는 미래의 생활 및 삶 전반에 영향을 미친다. 당연히 향후 수년 동안 미국 부동산 투자에서 제일 관심을 갖고 살펴야 할 요소다.

코로나 이후 급변 중인 미국 부동산 트렌드를 보자.

(1) 지역별 변화

1) 도심에서 도심 외곽으로

　재택 근무 증가는 미국 부동산 트렌드에 직접적인 영향을 미쳤다. 그 결과 단독 주택 가격은 상승세를 보인 반면 상업용 부동산 가격은 비교적 정체되었다. 또한 미국 대도시 지역의 주택 수요가 도심에서 도심 외곽으로, 실질적으로 재분배되었다. 뉴욕, 시카고, 샌프란시스코 같은 메가 시티를 포함한 미국 주요 도시에 살던 사람들은 살던 도시를 이탈했다. 팬데믹 이후 많은 사람이 안전을 최우선으로 꼽았고, 인구 밀집도가 높은 도심에서의 생활에 두려움을 가지게 되었다. 이로 인해 재택 근무가 가능한 사람들은 도심에서 도심 외곽으로 이동했다. 그 결과, 그간 높은 임대료를 자랑하던 건물들의 임대료는 하락했고, 부동산 가격도 따라서 하락했다. 큰 도시의 부유한 지역일수록 피해가 컸다.

　대표적으로 뉴욕 맨해튼 지역을 들 수 있다. 사람들의 지속적인 이탈로 오피스 공실률이 증가하면서 도심 상권이 무너졌다. 맨해튼에는 재택 근무가 가능한 거주자 비율이 높아 그 피해가 더욱 컸다.

　반면에 도시와 시골 사이에 위치한 교외 지역이 주목받았다. 도시의 편의와 시골의 여유를 동시에 누릴 수 있는 교외 지역 부동산은 나날이 인기가 높아졌다. 특히 아이가 있는 가정에서 학군이 좋고 다양한 편의 시설도 있는 교외 지역의 주택을 구입했다. 대부분이 원래 맨해튼 같은 지역에 살았던, IT, 금융, 서비스 분야 종사자였다.

2) 1선 도시에서 2선 도시로

뉴욕이나 샌프란시스코 같은 고물가 지역에서 댈러스나 애틀랜타 같은 저물가 지역으로의 이주가 계속되고 있다. 이는 수요가 고물가 지역에서 저물가 지역으로 재분배되고 있음을 의미한다. 팬데믹 종료 이후에도 원격, 재택 및 하이브리드 근무 방식이 지속됨으로써 상당수가 도심보다는 도심 외곽 지역으로, 1선 도시보다는 2선 도시로 꾸준히 이주하고 있다. 2023년 인구 기준으로 미국에서 가장 큰 12개 도시는 뉴욕, 로스앤젤레스, 샌프란시스코, 시카고, 워싱턴 DC, 애틀랜타, 필라델피아, 보스턴, 마이애미, 휴스턴, 피닉스, 그리고 댈러스다.

오른쪽 지도를 통해 미국 내 인구의 흐름을 한눈에 볼 수 있다. 뉴욕, 워싱턴 DC 등의 1선 도시 사람들은 주로 애틀랜타, 샬럿, 내슈빌, 잭슨빌, 탬파 등의 2선 도시로 이동했다. 또 로스앤젤레스, 샌프란시스코 등의 1선 도시의 사람들은 주로 보이시, 피닉스, 휴스턴, 댈러스, 애틀랜타 등의 2선 도시로 이동했다.

♦ 미국 주택 구매자들의 이동

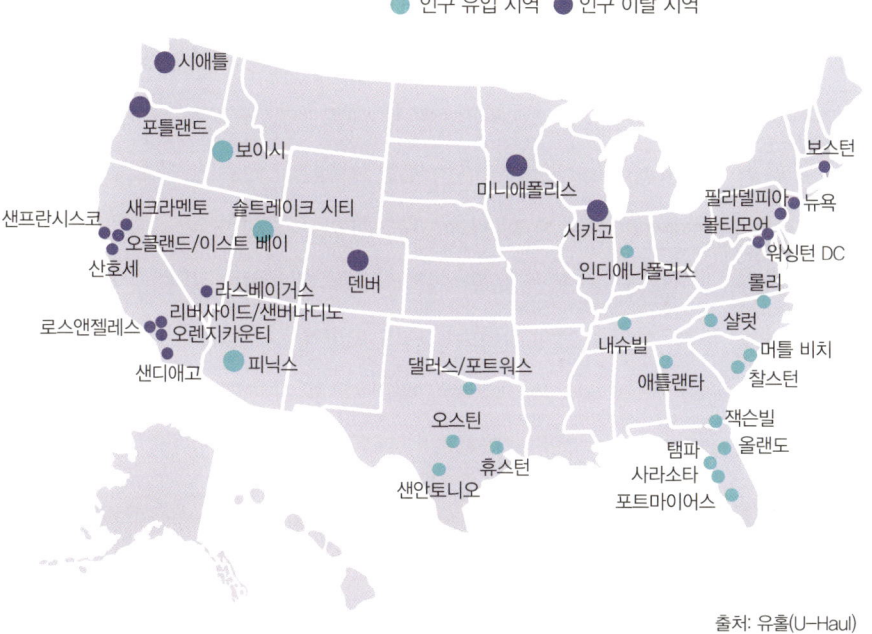

출처: 유홀(U-Haul)

 사람들은 왜 1선 도시에서 2선 도시로 이동하는 걸까? 여러 기업이 1선 도시보다 상대적으로 물가가 저렴한 2선 도시로 새 둥지를 틀면서 해당 도시에 일자리가 늘어났기 때문이다. 이런 기업에 근무하는 근로자 입장에서도 1선 도시에 살 때보다 저렴한 주택 가격과 임대료, 경제 성장 가능성은 매력 요소일 수밖에 없다. 여기에 새로운 근무 방식으로 직주 근접성의 중요도는 계속 떨어지고 있다.

범분야 부동산 및 토지 이용 전문 리서치 기업인 어번 랜드 인스티튜트Urban Land Institute, ULI는 2022년에 좋은 전망을 가진 미국 부동산을 조사하고, 상위 10개 리스트를 발표했다. 또 News Corp의 자회사인 Move, Inc.가 운영하는 부동산 목록 웹사이트인 리얼터닷컴Realtor.com은 부동산 매출과 가격 상승을 기반으로 부동산 트렌드를 조사하고, 부동산 투자자가 주목해야 할 미국 내 떠오르는 10대 주택 시장을 발표했다. 이들이 발표한 도시는 애틀랜타, 내슈빌, 샬럿, 롤리, 피닉스, 오스틴, 댈러스, 탬파, 시애틀, 그리고 보스턴이다.

미국인 3명 중 1명,
더 저렴한 지역으로 이주 원해

(2) 유형별 변화

팬데믹으로 미국인의 라이프 스타일이 바뀌었고, 이것이 미국 내 인구 흐름에 변화를 초래했다. 그 결과, 미국 부동산 트렌드가 급속하게 변했다. 유형별로 자세히 살펴보자.

1) 거주용 부동산

거주용 부동산의 종류에는 단독 주택, 타운하우스, 콘도, 코업, 그리고 듀플렉스, 트리플렉스, 포플렉스와 같은 다가구 주택(4가구

거주용 부동산에 속하는 부동산들. (시계방향으로) 단독 주택, 타운하우스, 콘도, 코업, 듀플렉스, 트리플렉스, 포플렉스.

이하)이 있다.

➡ 단독 주택 거래량 증가

팬데믹 기간 동안 투자자들의 관심은 거주용 부동산에 집중되었다. 또한 콘도나 코업, 다가구 주택보다는 단독 주택의 거래량이 증가했다.

➡ 밀레니얼 세대의 급부상

거주용 부동산 시장의 주요 수요자로 등장한 밀레니얼 세대 대부분이 단독 주택을 구입했다. 그들의 소득이 어느덧 주택을 구입할 만큼이 된 것이다. 2019년부터 밀레니얼 세대는 모기지 대출을 가장 많이 신청한 세대로도 집계되었다.

➡ 치솟은 임대료

1인 가구가 다시 증가했다. 동시에 팬데믹 기간 동안 주택 수가 부족해 심각한 가격 경쟁이 벌어졌다. 치솟은 집값은 저소득층은 물론 중산층에게도 부담으로 다가왔다. 결과적으로 이들이 주택 구입자가 아닌, 임대 시장의 수요자로 더해지면서 임대 주택의 임대료도 껑충 뛰었다. 결국 정부 차원의 임대 주택에 관한 지원 방안이 대두되었다.

➡ 작아지는 집 크기

저소득층과 중산층을 위한 주택 공급이 절실해졌다. 이에 집 크기를 축소하는 방법으로 가격을 낮춰 시장에 주택을 공급했다. 건축업체들은 이미 상승한 재료비, 인건비 등을 감안해 효율적으로 집을 만드는 데 집중했다. 이른바 타이니 홈 tiny home이 등장하기 시작했다.

타이니 홈.

조립식 주택 증가

대면 활동에 제한을 받자 사람들이 집에서 가족들과 보내는 시간이 길어졌다. 답답하고 제한된 공간에서 벗어나 자연과 더불어 생활할 수 있는 일종의 정신적 '피난처'에 대한 수요도 늘었다. 여기 더해 재택 근무가 일상화되면서 집에 생활 외의 업무 공간도 필요해졌다. 이러한 요구는 조립식 주택modular home이 증가하는 데 크게 공헌했다.

자신이 소유하고 있는 집을 개조하기도 했다. 공간을 넓혀 자신들에게 필요한 공간을 만들었다. 예를 들어 집 차고를 개조하여 홈오피스를 만들거나, 넓은 뒷마당에 작은 건축물을 세워 이곳을

ADU.

가족들과의 여가 공간으로 사용했다. 액세서리 주거 유닛Accessory Dwelling Unit, ADU이라고도 한다. 따로 별채를 만들어 임대를 주기도 했다.

비용은 저렴하고 건축 속도는 빠른 조립식 주택도 빼놓을 수 없다. 미국의 많은 주에서는 조립식 주택 허가 제한을 완화해 주었다. 주택 부족에 골머리를 앓던 미국 정부는 저소득층에게 주택을 공급하는 방안으로 조립식 주택의 공급을 늘리는 안을 모색했고, 조립식 주택에 대한 대출을 완화시켰다.

2021년 11월, 미국 최대 건설사인 르나홈스Lennar Homes는 캘리포니아 주 헤이워드에 본사를 둔 패널형 모듈식 건축업체 비브Veev에게 2억 달러(한화 약 2,640억 원)를 투자했다. 이들은 캘리포니

조립식 주택.

아 북부에 102채의 모듈식 주택으로 구성된 커뮤니티를 건설한다는 계획을 발표했다.

2) 상업용 부동산

상업용 부동산의 종류에는 5세대 이상의 다세대 주택, 오피스, 쇼핑몰, 쇼핑센터, 소매점, 호텔, 셀프 스토리지, 주차장 등이 있다.

➡ 아파트 임대 품귀 현상

미국과 대한민국에서 아파트의 개념은 서로 다르다. 미국에서 아파트는 거주용 임대 부동산을 말한다. 투자자가 임차인들에게 임대하여 소득을 창출할 목적으로 가지고 있으며 대개 건물 전체를 소유한다. 5세대 이상이 살 수 있고, 임대를 목적으로 수입을 창출하기 때문에 상업용 부동산에 속한다. 대출 형식도 모기지가 아닌 상업용 대출이다. 임대 소득과 경영 지출을 비교하여 부채 상환 비율을 기준으로 대출이 행해진다.

팬데믹 기간 동안 미국에서는 넘치는 수요에 비해 공급은 현격히 부족하여 집 구입이 힘들었다. 그래서 아파트 임대 품귀 현상이 발생했다. 주로 인구가 몰리는 도심 외곽 지역이나 2선 도시에서 발생했는데, 이사 기간에 맞춰 아파트를 임대하려면 수개월 전부터 대기자 명단에 이름을 등록하고 기다려야 했다. 아파트 임대 공실률이 0에 가까운 상황이었다.

미국의 금융 분석 소프트웨어 기업인 무디스 애널리틱스Moody's Analytics의 보고서에 따르면 임차인들의 임금 상승이 임대료 인상을 따라가지 못했고, 저렴한 임대 주택 또한 부족하여 미국 임차인들은 소득의 30% 이상을 주택 임대에 지불했다고 한다.

트렌드로 대두된 빌드 투 렌트

임대용 주택이 부족한 상황에서 빌드 투 렌트Build To Rent, BTR라는 트렌드가 생겨났다. 건설사들이 신규 주택을 지어서 분양하는 게

빌드 투 렌트.

아니라, 신규 주택을 지어서 곧바로 임대하는 것이다. BTR은 저소득층보다는 어느 정도 경제적 여유가 있는 이들을 대상으로 한다. 임대 기간이 지나면 주택 시장에 매물로 내놓아 해당 시점의 시장 가격으로 팔아야 하기 때문이다. 다시 말해 팔릴 만한 주택을 짓는 것이라 상품성을 갖춰 주택을 건설한다.

임대 주택이 부족한 상황에서 빌드 투 렌트는 건설사에게는 좋은 가격으로 임대료를 측정할 수 있고, (집값이 지속적으로 상승하는 주택 시장에서) 필요 시 언제든 판매할 수 있다는 장점이 있다. 또 임차인에게는 집 관리의 번거로움에서 벗어날 수 있다는 장점이 있다. 그래서 자유롭게 살려는 은퇴자나 1인 가구에게 적합하다.

➡ 셀프 스토리지 급부상

셀프 스토리지self storage는 '셀프 서비스 스토리지'의 줄임말이다. 개인이나 회사의 물건을 보관하는 장소를 임대하는, 상업용 부동산의 한 유형이다. 셀프 스토리지는 팬데믹 기간 동안 기록적인 성장을 보였다. 원격과 재택 근무가 늘고, 이에 따라 거주지 이동이 많아지면서 이삿짐 일부를 보관하거나 (오피스를 축소하려는 기업들의) 오피스 물품을 보관하는 장소가 필요했던 것이다. 2021년에 셀프 스토리지 임대료는 최고치에 도달했다.

오피스 공실률 증가

오피스는 미국 상업용 부동산의 20%를 차지하지만 가장 변동성이 큰 부동산이기도 하다. 팬데믹 기간에 근로자들이 오피스를 떠나 집에서 일하게 되면서 공실률이 크게 증가했다. 그 증가 폭은 대도시일수록 컸다. 또한 전문 서비스, 정보 및 금융 직업군 근로자들이 더 적게 오피스로 출근했고, 고가 주택이 있는 지역에 거주하는 근로자들이 더 적게 오피스로 출근했다. 한마디로 대도시에서의 인구 유출이 많았다. 팬데믹 종료 후로도 인구 유출은 지속되고 있으며, 대도시로 유입되는 인구가 유출되는 인구보다 적어 공실률은 더욱 증가할 것으로 예상된다. 특히 오래되고 허름한 오피스의 공실률이 높았다. 이 추세가 계속되면 결국 오피스 가격이 크게 떨어질 수 있다.

소매점의 디지털 전환

대도시의 인구 유출로 도심 유동 인구가 감소했기 때문에 소매 공간의 공실도 증가했다. 오프라인 매장이 폐업, 축소되는 동안 디지털 마케팅과 온라인 판매에 초점을 맞춘 소매업체는 늘어났다.

⇨ 스테이케이션 등장

팬데믹으로 가장 큰 타격을 받은 호텔업계는 위기를 극복하기 위해 급변하는 라이프 스타일에 맞는 각종 상품과 아이디어를 선보였다. 그 노력의 결과 중 하나가 스테이케이션staycation이다. '스테이stay'와 '베케이션vacation'의 합성어로, 거주지 근처의 호텔이나 숙소에 머무르는 것을 말한다. 한국에서는 '호캉스'라고 부르는데, 저렴한 비용과 짧은 시간으로 여행 온 듯한 기분을 낼 수 있다는 장점이 있다.

블레저를 위한 다양한 서비스를 제공하는 호텔들도 증가하고 있다. 스테이케이션과 블레저 모두 뉴-노멀의 라이프 스타일에 맞는 서비스를 통해 호텔의 새로운 트렌드를 만들어 내고 있다.

3) 산업용 부동산

산업용 부동산은 상업용 부동산과 같이 비즈니스 목적으로 사용되지만, 그것이 사용되어지는 방식 때문에 별도의 유형으로 취급받는다. 대부분의 산업용 부동산은 항구, 공항, 철도 및 고속도로 같은 주요 교통 허브에 인접해 있다. 또 급증하는 전자 상거래 및 온라인 주문 배달의 효율성을 위해 (소비자의 수요를 고려하여) 인구 밀집 지역이나 부근으로 몰리는 중이다.

♦ **2022년 미국 물류 창고 건설 현황**

	지역	100만 평방피트(계약 체결 %)
1	댈러스/포트워스	68.4(17.9%)
2	남부 뉴저지/동부 펜실베이니아	45.0(18.3%)
3	애틀랜타	38.1(14.7%)
4	인랜드 엠파이어	34.2(55.0%)
5	시카고	32.2(21.9%)
6	인디애나폴리스	30.1(23.2%)
7	피닉스	30.0(21.1%)
8	휴스턴	28.0(21.7%)
9	서배너	25.6(36.8%)
10	콜럼버스	15.6(11.6%)

출처: 2023년 4월 CBRE 보고서(미래 도시, 2023 북미 산업 박스, 리뷰&전망)

팬데믹 기간 동안 물류 창고 수요가 급증했는데, 2022년에는 급증한 수요에 비해 공급이 턱없이 부족해 물류 창고 임대료가 사상 최고로 상승했다. (주택 시장처럼) 물류 창고 역시 공급 부족 상태다. 전문가들은 급증하는 수요를 감당하는 데는 시간이 꽤 걸릴 것으로 보고 있다.

세계 최대 상업용 부동산 서비스 및 투자 회사인 CBRE에 따르면 미국 내 21개 시장에서 2023년 1분기 물류 창고 공실률은 3% 미만으로 나타났다. 특히 사바나, 찰스턴, 오렌지카운티에 위치한 물류 창고가 가장 공실률이 낮았다. 물류 창고가 최고로 빠르게 성장하는 시장과 창고 공간을 가장 필요로 하는 시장은 댈러스, 서던 뉴저지, 애틀랜타의 순이다. 이 결과는 팬데믹 이후 미국 내 인구가 어디로 유입되고 있는지를 간접적으로 보여 준다고 할 수 있다.

코로나 19로 인한 라이프 스타일의 변화는 궁극적으로 미국 부동산 트렌드를 급속하게 바꾸었다. 일시적이 아닌, 영구적인 트렌드로 자리 잡을 가능성도 있다. 『미국 부동산 트렌드 2024』는 포스트 코로나 시대에 미국 부동산 시장이 어떠한 모습으로 변화할지에 대한 답을 찾는 과정이라고도 하겠다.

2024

제2장

긴축의 시대, 미국 부동산 시장의 변화

2024

2022년
역전되는 미국 부동산 시장

2022년 6월 15일에 미국 기준금리를 결정하는 연방공개시장위원회Federal Open Market Committee, FOMC에서 발표한 연준의 파격적인 금리 인상은 2022년 하반기 미국 부동산 시장의 전환을 예고했다. 코로나로 인한 경제 위기를 극복하고자 정부 차원의 경기 부양책으로 시행된 '최저 금리'와 '양적 완화'는 엄청난 인플레이션을 불러왔다. 결국 연준은 인플레이션을 저지하기 위해 금리 인상을 결정할 수밖에 없었다.

2022년 3월부터 시작된 연준의 금리 인상은 미국 부동산 시장의 판도를 또다시 바꾸는 계기가 되었다. 이로써 모두는 또 다른 뉴-노멀의 시대로 향하게 되었다. 팬데믹 기간 동안 미국인들은

(저금리와 양적 완화 정책의 결과로) 비정상적인 집값과 임대료 상승을 경험했다. 여러 문제는 있었지만 변화를 받아들이고 어느 정도 익숙해진 참이었다. 그런데 연준의 금리 인상은 이제 과거와 이별하고 고금리, 양적 긴축의 시대를 준비하고 또 다른 뉴-노멀에 적응해야 함을 암시했다.

먼저 대변혁을 맞이한 2022년 미국 부동산 시장 상황부터 정리해 보자.

(1) 낮은 실업률

금리 인상에도 불구하고 미국 내 실업률은 계속 낮게 유지되었다. 2020년 사상 최저 금리와 수차례에 걸친 양적 완화의 결과로, 2021년에 저축률은 최고치를 기록했다. 또 엄청난 집값 상승으로 주택 소유자들의 순자산이 늘어났다. 이로써 주택 소유자 대부분이 이전보다 강력한 경제 체력을 구축하게 되었다. 또한 낮은 실업률은 미국 내 양질의 일자리가 많음을 의미했기 때문에 궁극적으로는 미국 부동산 시장에 유효 수요가 추가될 수 있음을 시사했다. 이 두 요소가 미국 부동산 시장에 유효 수요를 지속하게 만드는 원동력이 되었다.

미국 내 실업률은 2022년 5월 기준 3.6%를 기록했다. 2020년부터 2021년 동안에 손실된 일자리의 대부분이 회복되어 약 1,100만 개의 새로운 일자리가 생겼다. 반면에 모든 직업군에 필요한 근로자는 충분하지 않았다. 고용주는 직원 고용을 위해 더 많은 비용을 지불해야 했고, 궁극적으로 인플레이션을 발생시키는 요인이 되었다.

(2) 치솟는 인플레이션율

2022년에 연간 인플레이션율이 가파르게 치솟았다. 여기에 2022년 2월부터 우크라이나 전쟁이 시작되면서 미국을 비롯한 전 세계는 공급망 문제에서 비롯된 공급 부족 현상에 시달렸다. 원자재 가격은 계속 상승했는데, 특히 식량과 석유, 가스 같은 에너지 가격이 많이 치솟았다.

미국의 경우 소비자물가지수^{CPI}가 거주지 임대료$^{Rent\ Of\ Primary\ Residence}$와 자가 거주 비용$^{Owner's\ Equivalent\ Rent\ Of\ Residence}$을 포함하기 때문에 연준이 '물가 안정'이라는 목표를 달성하기 위해서는 집값과 임대료 상승을 억제해야만 한다. 금리 인상으로 수요는 다소 억제할 수 있었으나, 공급망 문제는 연준이 조절할 수 없는 문제였다.

결론적으로, 부동산 매매 시장에서 수요는 감소할 수 있었지만 공급은 여전히 턱없이 부족한 상태가 지속되었다. 미국인들은 치솟은 집값과 고금리에 대한 부담으로 집을 장만하기 어려웠고, 대신에 임대 시장으로 몰려들었다. 자연히 임대 시장에서도 임대 주택 공급은 부족하고 임대 수요는 급증하여 임대료가 상승했다. 2022년에도 임대료와 주택 가격은 계속 올라가 결국 인플레이션은 더욱 심화되었다.

(3) 연준의 파격적인 금리 인상

연준은 인플레이션에 맞서기 위해 지속적인 금리 인상을 택했다. 금리가 올라갈수록 화폐 가치는 높아지지만 화폐 유동성은 떨어진다. 2022년에 연준은 얼마나 빨리 금리를 인상할지를 어느 때보다 숙고하여 결정해야 했다.

일반적으로 주택 담보 대출 금리가 높아지면 많은 수요자가 주택 구입을 포기하고 시장에서 빠진다. 시장 입장에서는 고금리가 달갑지 않은 법이다. 그러나 2022년에는 수요자 감소가 시장에 긍정적으로 작용할 수 있었다. 심각한 공급 부족 상태라 고금리로 수요자가 적어지면 경쟁도 그만큼 줄어들기 때문이다. 반면에 (높은 집값과 고금리로) 집을 살 여력이 있는 사람이 적어짐으로써 임대 주택 수요가 증가된다. 그 결과, 임대료가 크게 상승했고 인플레이션율을 낮추는 데도 방해가 되었다.

(4) 다양한 모기지 상품 출시 및 대출 기준 강화

 연준의 지속적인 금리 인상에 대응하여 미국의 은행들은 고금리 시대에 맞는 다양한 모기지 상품을 내놓았다. 시장에 변동 금리 모기지 상품이 다시 나왔으며, 대출 시 초기 금리나 원금 부담을 줄이기 위해 특정 기간 동안 모기지 금리를 낮추는 바이다운 buy down 옵션이 인기를 끌기 시작했다.

 높은 집값과 높은 금리에도 불구하고 주택 구매에 나선 대다수는 밀레니얼 세대였다. 고금리 시기의 주요 유효 수요자 대부분이 생애 첫 주택을 사려는 구매자들이었다. 광란의 주택 시장에서 벌어지는 치열한 가격 경쟁 때문에 집을 사고 싶어도 사기 힘들었던 시기를 지나 어느 정도 시장 상황이 안정된 시기가 올 때까지 이들은 자신들이 필요로 하는 집을 구입하고자 계속하여 시장에 머물렀다.

 변동 모기지 상품은 정해진 기간 동안 고정 저금리를 적용함으로써 해당 기간 동안 월 모기지 상환 금액을 조절할 수 있다는 장점이 있다. 바이다운 옵션은 일정 기간 동안 주택 구매자의 모기지 금리를 낮추어 구매자의 현 월 모기지 상환금 대비 더 낮은 금리를 적용했을 때의 월 모기지 상환금을 계산하여 그 차액을 판매자가 미리 기부하는 방식으로 정해진 기간 동안 구매자의 월 모기지 상환금을 낮추는 모기지 옵션이다.

바이다운 옵션은 밀레니얼 세대의 수요자들에게 유용하게 활용되었다. 이들 대다수가 일정 기간이 지나고 연준이 금리를 낮추는 시점이 오면 저금리의 고정 금리로 재융자 받기를 고려하고 있었기 때문이다.

연준의 지속적인 금리 인상으로 일부 비은행 대출 기관들이 대출 기준을 강화하기 시작했다. 연준의 고금리, 양적 긴축 정책으로 인한 경제 둔화에 대비하고자 하는 비은행 대출 기관의 방어책이었다.

(5) 재택 근무의 일상화로 인한 여전한 주택 수요

재택, 원격 근무가 일상화되면서 주택을 필요로 하는 수요는 계속 주택 시장에 존재했다. 따라서 집값은 완만하게나마 상승했다. 특히 주요 수요자인 밀레니얼 세대가 이와 같은 근무 방식으로 일했으므로, 주택 수요는 지역을 가리지 않았다. 결론적으로 상대적으로 높은 집값과 높은 금리를 버틸 수 있는 사람은 줄었어도 밀레니얼 세대로 대표되는 주택 유효 수요는 여전했다.

(6) 도심 외곽 지역의 집값 상승

도심 주변이나 교외 지역 인구가 지속적으로 증가하면서 이들 지역의 집값이 상승했다. 밀레니얼 세대는 가족 공용 공간과 개인 업무 공간을 모두 갖춘, 넓은 집을 선호했다. 자연히 도심 외곽의 인기가 올랐다. 밀레니얼 세대는 2021년보다 2022년에 약 20만 명이 더 많다. 2024년까지 이들이 첫 주택을 구입하는 지역들에서 주택 가격이 상승할 것으로 예상된다.

(7) 2선 도시의 유효 수요 증가

1선 도시 인구가 2선 도시로 이동하면서 2선 도시의 부동산 시장에 유효 수요가 증가했다. 그 결과 2선 도시에서는 집값이 상승했다. 텍사스 주의 오스틴, 댈러스, 휴스턴, 그리고 조지아 주의 애틀랜타 등과 같은 2선 도시들의 인구는 계속 늘어날 전망이다. 인구 이동으로 인한 시장 가격 변화가 앞으로의 추세를 바꾸는 데도 일조할 것이다.

미국 남·서부 인구 '급증',
신규 주택 수요 이끈다

(8) 임대료 상승

집값 상승과 고금리 때문에 주택 구입 비용이 증가했다. 이에 사람들이 주택 구입보다는 임대에 눈을 돌리면서 임차인 수가 증가했고, 임대료 역시 상승했다. 2021년에는 전국적으로 임대료가 치솟았으며 일부 도시에서는 평균 임대료 인상률이 40%를 넘기도 했다. 공급 부족이 계속되어 집값과 임대료가 모두 상승했던 것이다. 2022년에는 금리 인상으로 주택 구입 유효 수요가 줄어 사람들이 계속 임대 시장에 머물러야 했다. 임대 시장에서 임대 수요는 증가하고 임대 주택은 여전히 부족했지만 개발사는 재료비, 인건비 상승으로 인해 건축에 부담을 느끼고 있었다. 신규 임대 아파트 공급이 자유롭지 못했고, 임대용 주택을 구입하려는 투자자 역시 비용 증가를 임대료 인상으로 해결하려 했다. 그 결과 임대료는 상승할 수밖에 없었다.

(9) 현금 흐름이 좋은 지역과 장기 투자 선호

미국 부동산 투자자들은 현금 흐름이 좋은 지역을 선호했다. 또 금리 인상으로 단기 투자보다는 장기 투자 쪽으로 방향을 돌렸다.

2021년에는 유독 캘리포니아나 뉴욕 같은 1선 대도시들의 투자자들이 '동종 자산 교환1031 Exchange' 시스템을 이용하는 사례가 많았다. 동종 자산 교환은 투자용 부동산을 매각하여 여기서 얻은 수익을 또 다른 동종 자산으로 교환해 양도소득세를 평생 연기할 수 있는 세금 혜택이다. 이들은 고가의 저 현금 부동산을 판매하고, 이를 상대적으로 저평가된 2선 도시인 애틀랜타, 오스틴, 댈러스, 휴스턴 같은 지역의 저가의 고 현금 유동성 부동산으로 교환했다. 이러한 추세는 2022년에도 계속 늘어났다.

또한 투자자들은 단기적 시세 차익보다는 집값 대비 상대적으로 월세 수입이 높아 현금 흐름이 좋은 임대용 부동산에 투자하는 경향을 보였다. 미국 최대 도시인 뉴욕, 로스앤젤레스, 샌프란시스코 등에서는 팬데믹 이후 단기 투자 방식인 플리핑Flipping이 성행했다. 플리핑은 낡은 집을 구입해서 단기간에 수리한 후에 더 높은 가격으로 되파는 것이다. 하지만 시장 상황이 변하면서 더 이상 선호되지 않았다.

애틀랜타, 오스틴, 댈러스, 휴스턴 같은 2선 도시에서는 미국의 전통적인 투자 방식인 현금 흐름에 중점을 두는 장기 투자가 인기

많았다. 현명한 투자자들은 일찍이 이 지역들의 임대 시장을 알아봤다. 모기지 금리가 높아지더라도 임대료는 지속적으로 상승하고 있고, 매달 상환되는 모기지 이자로 세금 공제 혜택을 받을 수 있다고 여겼다. 결론적으로 금리가 인상되더라도 현금 흐름에 중점을 둔 장기 투자로 충분히 이익을 볼 수 있다고 판단했다.

미국 상위 1% 부동산 부자들은 이렇게 합니다

(10) 임대용 거주 부동산 부상

임대용 주택, 임대용 아파트, BTR 방식의 신규 임대 주택이 더욱 부상되었다. 2021년에 임대용 주택과 임대용 부동산 공급이 부족한 상태에서 BTR이 성행했다. 개인 투자자들이나 기관 투자자들 역시 임대용 주택, 임대용 아파트를 구입하여 임대하는 방식으로 현금 흐름을 확보하고, 안정적인 자산 가치 상승도 기대하는 안을 선호했다. 2022년에는 이러한 경향이 심화되었다. 금리 인상으로 임차인 수요는 급증한 데 반해 임대 부동산 공급이 증가하려면 시간이 많이 필요하다 보니 당연히 안정적인 현금 흐름이 있는 곳에 투자한 것이다.

일반적으로 부동산 시장은 금리 인상이라는 하나의 요인으로 변화하지는 않는다. 많은 환경 요인이 복합적으로 작용하여 변화한다. 2022년 금리 인상 시기에도 지역에 따라 집값이 하락하거나, 평평하게 유지되거나, 상승하는 등 각기 다른 사이클을 보여주었다. 금리 인상 전에는 미국 대부분의 지역이 동일한 부동산 시장 사이클로 변화했다면, 2022년 금리 인상 후에는 인구의 움직임에 따라 지역별로 다른 변화가 생기기 시작했다.

2022년은 또 다른 뉴-노멀의 시대를 맞이하는 역전의 시기였다.

2023년
리셋되는 미국 부동산 시장

    2022년 미국 주택 시장의 키워드는 '역전'이었다. 미국 부동산 중개인협회에 따르면 2022년 미국 주택 시장은 역사상 가장 적은 재고와 낮은 모기지 금리로 시작되었다. 2022년 첫 몇 달 동안 생애 첫 주택 구매자들과 투자자들은 모기지 금리가 곧 상승할 거라는 가정 하에 역사상 가장 비정상적인 속도로 시장에 몰렸다. 그 결과 2022년 3월부터 시작된 연준의 금리 인상 발표 이후로 9개월 연속 기존 주택 판매는 둔화되었지만 주택 가격은 상승했다. 하지만 2022년 6월 이후로 급격하게 상승한 모기지 금리는 주택 유효 수요를 크게 줄이는 원인이 되었다.

    2022년 초, 수요자들의 치열한 경쟁 탓에 주택 구입은 매우 힘들었다. 주로 연방주택관리국Federal Housing Administration, FHA이나 미국 보훈부Veterans Affairs, VA에서 대출을 받는 구매자들은 경쟁에서 밀렸다. 이 시기에 전체 구매자 중 약 25%가 전액 현금으로 결제를 진행했고, 이마저도 치열한 경쟁을 보였다.

그 결과 생애 첫 구매자의 주택 구입 비율이 2021년 34%에서 2022년 26%로 크게 하락했다. 일반적으로 주택 시장에서 생애 첫 주택 구매자의 비율이 40% 정도일 때 시장이 건전하다고 평가받는다. 이는 팬데믹 기간 동안 미국 부동산 시장이 생애 첫 주택 구매자들에게 얼마나 비정상적이고 도전적인 시장이었는지, 그리고 시장이 얼마나 건전하지 못했는지를 분명하게 보여 주는 지표다.

2022년은 역사적으로 기록될 만한 커다란 변화의 과정에서 힘겨운 역전의 길을 걸었다.

2023년은 미국의 전통적인 부동산 시장이 어떠했는지를 재조명하고, 시장의 리셋을 예고했다. 2023년에는 이전에 보지 못한 새로운 동향과 패러다임을 마주했다. 한마디로 불안정했던 시장이 전체적으로 안정화되는 과정으로 가는, 과도기적인 해였다고 할 수 있다.

그럼 2023년 미국 부동산 시장은 어떠했는지를 보자.

 리셋되는 2023 미국 부동산에 주목하라

(1) 연준의 지속적인 금리 인상

2023년에 모든 미국인의 최대 관심사는 연준의 기준금리였다고 해도 과언이 아니다. 연준은 인플레이션에 맞서기 위해 금리 인상을 단행했고, 2022년 3월 이후로 기준금리가 지속적으로 인상되면서 덩달아 모기지 금리도 인상되었다.

연준은 2022년 3월부터 제로(0)에 가까웠던 기준금리를 0.25% 인상하기 시작했다. 이후 2022년 5월에 0.50%, 6월에 0.75%, 7월에 0.75%, 9월에 0.75%, 11월에 0.75%, 그리고 12월에 0.50% 추가 인상했다. 2022년의 기준금리는 4.25-4.50% 인상으로 마감되었다.

2023년에 와서는 2월에 0.25%, 3월에 0.25%, 5월에 0.25%, 7월에 0.25%를 추가로 인상했고, 2023년 9월과 11월과 12월은 동결하여 연준의 기준금리는 5.25-5.50%를 유지했다.

♦ 2022-2023년 연준 금리 인상

날짜	이율 변화	연준 기준금리
2023년 12월 13일	+0.00	5.25%에서 5.50%
2023년 11월 1일	+0.00	5.25%에서 5.50%
2023년 9월 20일	+0.00	5.25%에서 5.50%
2023년 7월 26일	+0.25	5.25%에서 5.50%
2023년 5월 3일	+0.25	5.00%에서 5.25%
2023년 3월 22일	+0.25	4.75%에서 5.00%
2023년 2월 1일	+0.25	4.50%에서 4.75%
2022년 12월 14일	+0.50	4.25%에서 4.50%
2022년 11월 2일	+0.75	3.75%에서 4.00%
2022년 9월 21일	+0.75	3.00%에서 3.25%
2022년 7월 27일	+0.75	2.25%에서 2.50%
2022년 6월 16일	+0.75	1.50%에서 1.75%
2022년 5월 5일	+0.50	0.75%에서 1.00%
2022년 3월 17일	+0.25	0.25%에서 0.50%

출처: 연방준비이사회

 모기지 금리도 인상되었다. 2023년 10월 기준, 미국의 30년 고정 모기지 금리는 7.79%였는데 이는 2002년 이후 최고치다. 당시 여러 전문가가 2023년에는 모기지 금리가 하락할 것으로 예상했지만, 실제로는 그렇지 않았다. 2023년 한 해 동안 30년 고정 모기지 금리는 6-7% 범위에서 등락했다. 프레디 맥Freddie Mac에 따르면 2023년 8월에 7% 미만에 진입했으나 10월 말에는 7.79%까지 치솟았다. 지난 20년간 볼 수 없었던 수치다.

◆ 2022-2023년 미국 모기지 금리 변동

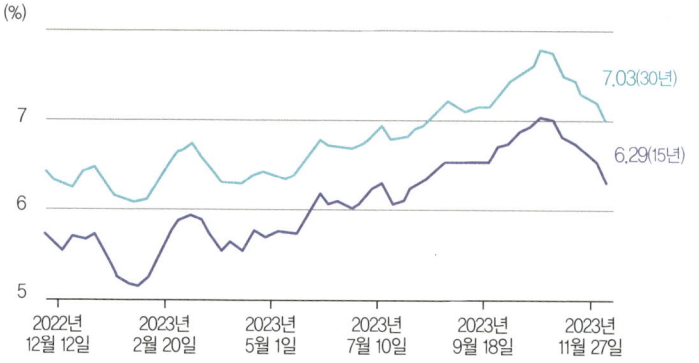

출처: 프레디 맥 PMMS
* 2023년 12월 7일 기준 30년, 15년 고정 모기지 금리의 주간 평균을 나타낸다.

◆ 1971-2023년 미국 모기지 금리 변동

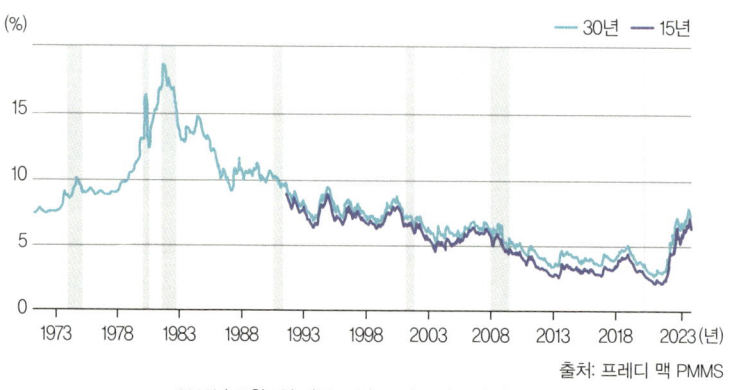

출처: 프레디 맥 PMMS
* 2023년 12월 7일 기준 30년, 15년 고정 모기지 금리의 전체 변동을 나타낸다.

 천정부지로 상승하는 금리의 끝은 어디인가

(2) 연간 인플레이션율 2% 이상 유지

2023년에도 인플레이션 수치는 연준이 목표로 하는 연간 인플레이션율인 2%보다 더 높게 유지되었다. 이에 연준은 인플레이션율을 낮추기 위해 고군분투했다. 2023년 9월 13일에 발표된 미국 노동부 데이터에 따르면 미국의 연간 인플레이션율은 2023년 8월까지 12개월 연속 3.7%였다. 팬데믹을 발표한 2020년 3월 이후로 미국의 인플레이션율은 같은 해 4월에 0.3%, 5월에 0.1% 정도로 0%에 가까운 수준이었다. 그러던 것이 빠르게 상승하여 2021년 4월에 4.2%에서 같은 해 12월에 7.0%를 기록했고, 2022년 6월에 9.1%로 최고점을 찍었다. 2021년 이후로 가파르게 오르는 인플레이션을 잡기 위해 연준은 파격적으로 기준금리 인상을 단행했다. 그러나 2023년 8월에도 여전히 연간 인플레이션율은 연준의 목표보다 높았다.

◆ 2013-2023년 미국 연간 인플레이션율

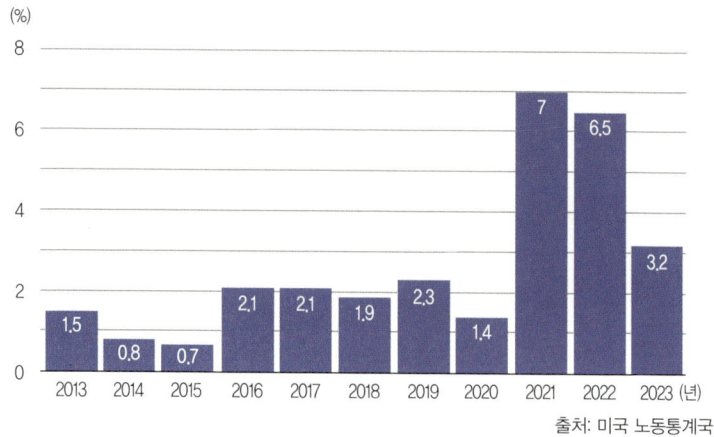

출처: 미국 노동통계국

(3) 강한 고용 수준 유지

연준의 목표는 물가 안정과 완전 고용이었다. 팬데믹 이전인 2019년과 2020년 2월까지의 미국 내 실업률은 3.7%로, 거의 완전 고용 수준이었다. 그러다 팬데믹 발표 이후인 2020년 4월에 14.7%, 5월에 13.2%, 6월에 11%, 7월에 10.2%를 기록했다. 이후로는 계속 줄어들어 2023년 8월 기준 3.8%를 유지하면서 여전히 견고한 고용을 유지했다. 그러나 인플레이션율이 연준이 목표로 하는 연 2%대로 조절되지 않는 가운데, 전문가들은 연준이 지속적으로 금리를 올릴 것으로 예상했다. 경기 침체를 감안할 경우 미국 내 실업률이 5.5%까지 증가할 수도 있다는 의견을 내놓았다.

♦ 2003-2023년 미국 실업률

출처: 미국 노동통계국
* 계절에 따른 조정을 반영했다.

(4) 강한 주택 수요 유지

지속적인 금리 인상과 상승할 대로 상승한 주택 가격으로 주택 구입 비용 부담이 가중되었음에도 밀레니얼 세대는 여전히 유효 수요자로서 시장을 지켰다. 향후 2년 정도는 계속 시장에 머물 것으로 예상된다. 다만 미국 부동산중개인협회에 따르면 2023년에 베이비붐 세대의 주택 구입 비율이 밀레니얼 세대를 뛰어넘어, 가장 큰 주택 구매자 세대를 형성했다고 한다. 이들 대다수는 은퇴 후의 삶을 즐길 장소나 친구나 가족이 사는 지역으로 이주하기 위해 소유 주택을 팔고 새 주택을 구매하는 재구매자들이었다. 생애 첫 주택 구매자 대부분은 여전히 밀레니얼 세대로 집계되었다.

(5) 주택 공급 부족

2023년에도 구매 가능 주택 부족 현상은 주택 가격의 지속적인 상승에 영향을 미쳤다. 고금리가 지속되는 가운데서도 재고 부족으로 주택 가격은 (상승 폭은 둔화되었어도) 상승했다. 2023년 9월에 수정된, 미국의 기술 부동산 마켓 플레이스 회사인 질로우Zillow가 발표하는 질로우 주택 가치 지수Zillow Home Value Index, ZHVI에 따르면 2023년 미국 주택 가격은 전국 평균 5.8% 증가할 것으로 예상되었다.

그 원인은 무엇일까? 먼저 기존에 주택을 소유한 사람들인 경우, 저금리 시대에 이미 3%대의 금리로 주택을 구입했거나 재융자를 받았다. 이들은 자신이 소유한 주택을 팔고 두 배로 뛴 금리를 감당하면서까지 새 주택을 구입하는 것을 꺼려 급한 상황이 아니면 시장에 나오지 않았다. 또한 건설사들이 주택 착공 규모를 축소한 상태라 신규 주택 매물이 많지 않았다.

미국 주택건설협회National Association of Home Builders, NAHB 수석 경제학자 로버트 디에츠는 2023년 신규 주택 재고는 소폭 증가할 수 있으나 전반적인 주택 공급은 여전히 제한적일 거라 했다.

2023년 11월 기준 미국 조지아 주 애틀랜타 기존 재고량은 약

◆ 2019-2023년 애틀랜타 판매 가능 기존 주택 재고량

출처: 조지아 주 MLS

2.71개월로, 아직 팬데믹 이전으로 회복되지 않았다. 2022년 9월부터 주택 재고량이 늘었으나 2019년과 비교하면 여전히 낮다. 일반적으로 주택 재고량이 6개월 이상이면 매수자 우위 시장, 6개월 정도면 균형 잡힌 시장, 6개월 미만이면 매도자 우위 시장이다. 2023년 11월은 공급이 부족한 매도자 우위 시장이다. 2008년 글로벌 금융 위기 때 주택 재고량인 13개월과 크게 대조된다.

극심한 주택 부족,
6월 주택 판매 14년 만에 최저치

(6) 주택 판매량 둔화

미국 부동산중개인협회의 2023년 10월 보고서에 따르면 기존 주택 판매는 전월 대비 1.5%로 소폭 감소했고, 전년 10월 대비 8.5% 감소했다. 애틀랜타를 기준으로 한 월별 주택 판매량을 보면 2023년 10월 기준 주택 판매 건수는 5,345건으로, 전년 10월의 6,105건보다 12.45% 감소했다.

한편, 2023년 8월에 발표한 미국 주택도시개발부Department of Housing and Urban Development, HUD와 미국 인구조사국의 공동 보고서에 따르면 2023년 7월 한 달 동안 신규 주택 판매가 급증했다. 기존 주택의 공급이 심각하게 제한되어 주택 구매자가 신규 주택

◆ 2019-2023년 애틀랜타 월별 주택 판매량

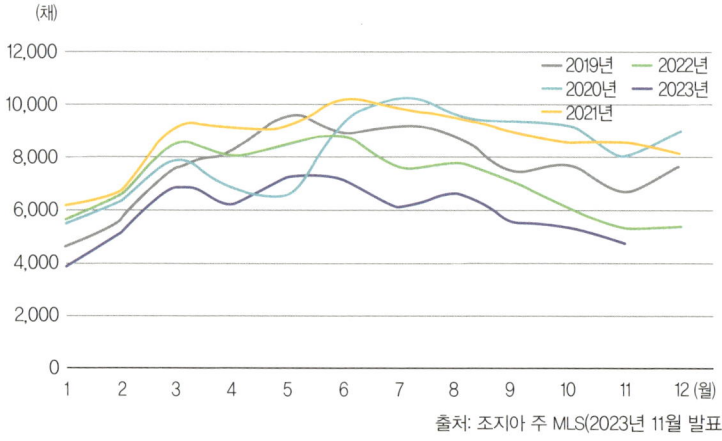

출처: 조지아 주 MLS(2023년 11월 발표)

◆ 2023년 7월 미국 신규 주택 판매량

출처: 미국 주택도시개발부, 미국 인구조사국(2023년 8월 발표)
* 계절에 따른 조정이 반영된 연간 비율이다.

으로 전환된 데 기인한 것이다. 전년 대비 신규 주택 판매 건수는 31.5%의 증가세를 보였다.

주택 구입 유효 수요가 감소했고, 주택 공급도 부족하여 2023년에 미국의 주택 판매 건수는 크게 둔화되었다.

공급 부족으로 주택 판매 둔화,
그러나 가격은 계속 상승 중

(7) 주택 가격 상승

앞에서 설명했듯 2023년에 주택 판매량이 크게 둔화되었음에도 주택 가격은 완만하게 상승했다. 주택 소유자에게는 좋은 소식이지만, 생애 첫 주택 구매자들이 주택 시장에 진입하는 것을 더욱 어렵게 만들었다. 특히 공급이 제한된 도시에서 더욱 어려웠는데, 지역에 따라 가격 변화에 차이가 있었다.

전문가들은 미국 북동부 및 중서부는 가격 하락 후 시장 가격이 안정적으로 유지될 가능성이 높다고 밝혔다. 반면에 남부와 서부 지역의 따뜻한 기후와 함께 빠른 경제 성장과 인구 증가의 특징을 보이는, 이른바 선벨트Sun Belt 지역은 가격이 상승할 거라고 예측

◆ 2019-2023년 애틀랜타 기존 주택 중간 가격

출처: 조지아 주 MLS

했다. 인구 유입 지역에는 유효 수요도 증가하기 때문이다.

왼쪽 그래프는 2019년부터 2023년 11월까지 미국 조지아 주 애틀랜타의 기존 주택 중간 가격의 변동을 보여 준다. 2023년 11월 기존 주택 중간 가격은 38만 250달러로, 전년 대비 4.3% 상승했다. 또한 기존 주택의 평균 가격은 45만 5,750달러로 전년 대비 8.98% 상승했다.

2023년 하반기 미국 주택 시장
선벨트 지역에 주목하라

(8) 엄격해진 대출 기준

2022년부터 일부 대출 기관의 기준이 강화되었다. 그러던 중 2023년 3월 실리콘밸리 은행이 파산한 이후 미국 대부분의 대출 기관이 대출 심사를 너욱 엄격하게 진행했다. 또한 상업용 부동산에 속하는 오피스와 소매점의 공실률이 증가하는 상황이라 이들에게 대출을 해 준 은행들의 리스크는 더욱 커질 전망이다. 주로 미국의 중, 소 은행들이다.

결론적으로 앞으로 대출 은행은 누구에게 대출을 해 줄지에 대해 더욱 신중해질 수밖에 없다. 주택 담보 대출로 주택을 구입하는 일 역시 더욱 어려워질 것으로 전망된다.

> **용어 설명**
>
> **실리콘밸리 은행 파산**
>
> 스타트업 회사들을 주요 고객으로 운영되던 실리콘밸리 은행은 미 국채에 투자했는데 기준금리가 오르며 국채 가격이 하락했다. 여기에 유동성이 줄며 자금 조달에 어려움을 겪던 스타트업 회사들의 자금 인출이 계속되자 실리콘밸리 은행은 큰 손해를 감수하고 국채를 매각했고, 이 소식을 들은 스타트업 회사들이 앞다투어 예금을 인출하면서 결국 파산으로 이어졌다.

(9) 저렴한 주택 선호 구매자 증가

주택 구입비가 늘자 반대급부로 저렴한 주택에 대한 수요가 크게 증가했다. 이는 주택 시장 개선을 위해서도 풀어야 하는 가장 시급한 문제 중 하나다. 정체된 임금과 비교하여 가파른 주택 가격 상승은 주택 구입에 커다란 장애물이다. 2023년에도 저렴한 주택을 선호하는 구매자 수는 계속해서 증가했다. 건설사들은 집 크기를 작게 하여 가격을 낮추는 데 초점을 맞추었다. 하지만 경쟁이 치열한 만큼 저렴한 주택들의 가격도 상승 중에 있다.

'높은 모기지 금리'와 '재고 위기',
어려운 주택 구매자 시장

(10) 완만한 임대료 상승

2023년 6월부터 7월까지 미국 전국 평균 임대료는 0.50% 정도 증가했다. 2023년 7월 기준 전국 평균 임대료는 2,052달러로, 최고치였던 2022년 8월의 2,054달러보다 2달러 낮다. 임대료가 1,937달러로 바닥을 친 2023년 2월 이후 거의 6% 상승했다. 새로운 임대 부동산 매물이 다소 증가했고, 높은 임대료로 수요는 감소하여 임대료 증가율이 정상 이하로 둔화되었다. 그러나 임대료는 장기적으로 계속 완만하게 상승했다. 팬데믹 기간 동안에는 (2019년 이후) 25% 상승했다.

♦ 2019-2023년 미국 전역 및 4개 지역 중간 임대료

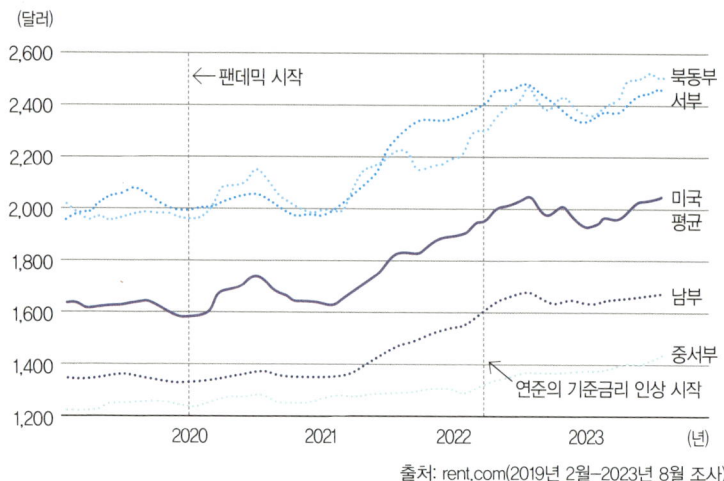

출처: rent.com(2019년 2월-2023년 8월 조사)

(11) 디지털 거래 보편화

팬데믹 기간 동안 부동산 분야에서도 디지털 기술을 적극 도입했고, 2023년에는 가상 주택 투어와 디지털 거래가 더욱 보편화되었다. 이러한 추세는 계속되어, 디지털 기술이 주택 구매 및 판매 과정을 더욱 간소화해 주리라 예상한다. 또한 디지털 기술은 조립식 주택 및 3D 프린팅 같은 혁신을 통해 특정 분야의 주택 문제를 해결하는 데 중요한 역할을 할 것으로 보인다.

2024년 미국 부동산 시장 전망을 세밀하게 들여다보기에 앞서 2022년과 2023년의 미국 부동산 시장의 흐름을 먼저 파악했다. 이는 각 해의 시장 변화와 그 중요성을 비교하며 파악하는 데 도움을 준다. 그로 인해 앞으로 시장이 어떻게 변화할지 예측하는 데도 정확도를 높여 준다.

2022년 미국 부동산 시장의 키워드는 '역전'이었다. 그만큼 여러 측면에서 두드러진 변화가 있었다. 경기 회복, 달라진 소비자들의 수요 패턴, 그리고 그간의 복합적인 요인들이 시장을 크게 흔들었다. 모기지 금리 상승, 극심한 공급 부족, 크게 치솟은 주택 가격은 특히 생애 첫 주택 구매를 앞둔 구매자들에게 커다란 어려움으로 작용했다.

2023년 미국 부동산 시장의 키워드는 '리셋'으로, 과거의 모습으로 변모하는 과도기적인 과정에서 다시 안정을 찾기 시작했다. 2022년과 2023년의 주요 트렌드와 변화를 이해함으로써, 2024년 미국 부동산 시장을 보다 효과적으로 이해하고 전망해 보자.

대박이냐, 쪽박이냐? 2023년 하반기,
2024년 미국 부동산 유형 선별에 주목하라

제3장

2024년 미국 부동산 시장 전망

2024

미국 부동산 시장의 흐름을 읽고 준비하라

이번 장은 '2024년' 미국 부동산 시장의 주요한 변화를 집중적으로 다룬다. 몇 년 동안 미국 부동산 시장은 롤러코스터를 탔다. 타이트했던 시장이 언제 완화될지에 대한 뚜렷한 해답은 아직 없지만 많이 완화되었음은 분명하다. 2023년, 미국 대부분의 주택 시장에서 거래량은 줄었지만 여전히 매도자 우위 시장을 유지했다. 높은 모기지 금리, 주택 부족, 높은 주택 가격으로 주택 구입은 쉽지 않다. 2024년의 미국 부동산 투자 전략을 세우기 위해서는 2024년에 행해질 시장의 변화를 예측하는 게 무엇보다 중요하다.

치열한 경쟁과 주택 재고난,
2024년에는 개선되나

(1) 모기지 금리

➡ 모기지 금리는 하락한다.

패니메이Fannie Mae는 2024년에 30년 만기 고정 모기지 금리가 7%대로 유지되리라 예상했다. 미국 부동산중개인협회는 2024년 2분기부터 6.9% 이하로 떨어질 것으로 전망했다. 모기지은행협회 Mortgage Bankers Association, MBA는 2024년 2분기부터 6.6% 이하로 떨어지기 시작할 것으로 예측했다. 모기지 금리가 정확히 얼마나 내려갈지에 대해서는 기관마다 다소 차이가 있지만, 7% 아래로 떨어진다는 게 일반적인 의견이다.

현재 미국에서는 주택 소유자 대다수가 과거에 집을 살 때 받았던 낮은 모기지 금리를 포기하고 싶지 않아 적극적인 주택 판매에 나서지 않고 있다. 연방주택금융청Federal Housing Finance Agency의 데이터에 따르면 미국 주택 소유자의 90% 이상의 모기지 금리가

◆ 패니메이의 미국 주택 전망

	2023년				2024년				2025년				2022년	2023년	2024년	2025년
	1분기	2분기	3분기	4분기	1분기	2분기	3분기	4분기	1분기	2분기	3분기	4분기				
계절 조정 연율 (단위: 1천)																
총 주택 착공	1,385	1,450	1,359	1,348	1,255	1,208	1,211	1,250	1,293	1,325	1,351	1,378	1,553	1,386	1,231	1,337
– 변화율: 전년 동기 대비 증감율(YoY)														-3.0	-10.8	-11.2	8.6
단독 주택(1유닛)	834	930	961	938	866	854	874	902	929	953	976	1,001	1,005	916	874	965
– 변화율: YoY														-10.8	-8.9	-4.5	10.4
다가구 (2세대 이상)	552	520	398	410	389	354	337	348	363	373	375	377	547	470	357	372
– 변화율: YoY														15.5	-14.1	-24.0	4.2
총 주택 판매	4,965	4,941	4,747	4,605	4,546	4,572	4,753	4,887	5,029	5,171	5,331	5,517	5,671	4,815	4,689	5,262
– 변화율: YoY														-17.7	-15.1	-2.6	12.2
새 단독 주택	638	691	724	698	644	626	667	681	691	702	716	733	641	688	654	710
– 변화율: YoY														-16.9	7.3	-4.8	8.6
기존(단독 주택, 콘도/협동조합)	4,327	4,250	4,023	3,907	3,902	3,946	4,086	4,205	4,338	4,469	4,615	4,784	5,030	4,127	4,035	4,551
– 변화율: YoY														-17.8	-18.0	-2.2	12.8
백분율: 분기별 YoY, 연간 4분기/4분기																	
패니메이 주택가격지수	4.5	2.9	5.3	6.7	6.7	5.2	3.6	2.8	1.6	0.5	0.0	-0.4	8.0	6.7	2.8	-0.4
백분율·분기별 평균, 연간 평균																	
30년 만기 고정 금리 주택 담보 대출	6.4	6.5	7.0	7.7	7.6	7.4	7.2	7.1	7.0	6.9	6.8	6.8	5.3	6.9	7.3	6.9
순 판매 가능 면적 (부동산, 조, 달러, 1-4세대 단독 주택 담보 대출의 기초 자료	341	431	400	362	322	485	531	500	445	593	613	563	2,374	1,533	1,837	2,214
– 구입	281	360	336	303	258	385	396	370	286	436	447	420	1,644	1,281	1,409	1,589
– 재융자	59	71	63	59	64	100	135	130	159	157	166	143	730	252	428	625
재융자 지분(%)	17	16	16	16	20	21	25	26	36	27	27	25	31	16	23	28

출처: 패니메이(2023년 11월 발표)

♦ 미국 부동산중개인협회의 미국 경제 전망

	2022년		2023년				2024년				연간			
	3분기	4분기	1분기	2분기	3분기	4분기	1분기	2분기	3분기	4분기	2021년	2022년	2023년	2024년
			연도별 기록				예측, 전망				연도별 기록		예측, 전망	
실질 GDP(연간 비율)	2.7	2.6	2.2	2.1	3.5	1.6	1.7	1.3	1.7	1.8	6.0	2.1	2.1	1.5
급여 고용(1년 전부터)	4.2	3.4	2.9	2.5	2.1	1.6	1.3	0.8	0.9	1.0	2.9	4.3	2.2	1.1
소비자물가(1년 전 대비)	8.3	7.1	5.8	4.1	3.6	3.0	2.7	2.5	2.6	2.8	4.7	8.0	4.3	2.7
소비자신뢰도(지수)	102	104	105	105	109	104	101	99	98	97	113	105	104	99
실업(%)	3.6	3.6	3.5	3.6	3.7	3.8	3.9	4.0	4.1	4.2	5.4	3.6	3.7	4.1
이자율(%)														
– 연방기금 금리	2.2	3.7	4.6	5.0	5.3	5.4	5.2	4.7	4.4	4.4	0.1	1.7	5.1	4.7
– 우대 금리	5.4	6.8	7.7	8.2	8.4	8.4	8.2	7.7	7.4	7.4	3.3	4.9	8.2	7.7
– 10년 만기 국채	3.1	3.8	3.7	3.6	4.2	4.8	4.9	4.5	4.2	4.2	1.4	2.9	4.1	4.5
– 30년 만기 국채	3.3	3.9	3.7	3.8	4.2	5.0	5.0	4.8	4.5	4.5	2.1	3.1	4.2	4.7
모기지 금리(%)														
– 30년 고정 금리	5.6	6.7	6.4	6.5	7.0	7.8	7.5	6.9	6.5	6.3	3.0	5.3	6.9	6.3
주택 척도(단위: 1천 달러)				23.0										
– 기존 주택 판매	4,777	4,197	4,327	4,250	4,023	4,010	4,180	4,620	4,960	5,070	6,120	5,030	4,150	4,710
– 신규 단독 주택 판매	583	598	638	691	690	670	720	810	820	840	771	641	670	800
– 주택 착공	1,446	1,406	1,386	1,450	1,359	1,360	1,410	1,480	1,510	1,540	1,601	1,552	1,390	1,480
– 단일 가족 단위	901	850	834	930	961	960	990	1,040	1,060	1,080	1,127	1,005	920	1,040
– 다가구 단위	545	556	552	520	398	400	420	440	450	460	474	547	470	440
백분율 변화–1년 전														
– 기존 주택 판매	-21.4	-32.5	-27.7	-20.8	-15.8	-4.5	-3.4	8.7	23.3	26.4	8.5	-17.8	-17.5	13.5
– 단독 주택 신규 판매	-20.3	-21.3	-16.4	14.5	18.4	12.0	12.9	17.2	18.8	25.4	-6.1	-16.9	4.5	19.4
– 주택 착공	-8.3	-16.9	-19.4	-11.5	-6.0	-3.3	1.7	2.1	11.1	13.2	16.1	-3.1	-10.4	6.5
– 단일 가족 단위	-18.8	-27.9	-29.5	-14.3	6.7	12.9	18.7	11.8	10.3	12.5	13.8	-10.8	-8.5	13.0
– 다가구 단위	16.8	8.5	3.1	-5.7	-27.0	-28.1	-23.9	-15.4	13.1	15.0	21.9	15.4	-14.1	-6.4
주택 중간 가격 (단위: 1천 달러)														
– 기존 주택 가격	391.4	372.7	366.7	397.5	401.4	381.0	371.0	397.0	403.0	387.0	350.7	386.4	386.7	389.5
– 새주택 가격	465.4	479.5	434.8	418.4	432.0	438.0	441.0	444.0	448.0	450.0	397.1	457.8	430.8	445.8
백분율 변화(1년 전)														
– 기존 주택 가격	8.6	4.2	0.3	-2.1	2.6	2.2	1.2	-0.1	0.4	1.6	18.2	10.2	0.1	0.7
– 새 주택 가격	14.1	13.5	1.0	-7.0	-7.2	-8.7	1.4	6.1	3.7	2.7	17.9	15.3	-5.9	3.5

출처: 미국 부동산중개인협회(2023년 10월 발표)

♦ 모기지은행협회의 미국 모기지 금리 전망

	2023년				2024년				2025년				2022년	2023년	2024년	2025년
	1분기	2분기	3분기	4분기	1분기	2분기	3분기	4분기	1분기	2분기	3분기	4분기				
주택 측정																
– 주택 착공 (계절 조정 연율, 1천)	1,385	1,450	1,359	1,375	1,358	1,342	1,351	1,378	1,407	1,447	1,468	1,482	1,392	1,357	1,451	1,440
단일 가족	834	930	961	983	992	1,008	1,030	1,068	1,105	1,131	1,156	1,174	927	1,025	1,142	1,135
2개 이상	552	520	398	392	366	334	321	310	302	316	312	308	465	333	310	305
– 주택 판매 (계절 조정 연율, 1천)																
총 기존 주택	4,327	4,250	4,023	4,043	4,149	4,301	4,480	4,655	4,788	4,824	4,920	4,904	4,161	4,397	4,859	4,935
새 주택	638	691	724	732	743	749	763	762	783	795	802	810	696	754	797	796
– FHFA 미국 주택가격지수 (YoY % 변동)	4.6	3.1	5.0	5.7	5.7	5.3	4.7	4.1	3.6	3.4	3.2	3.3	5.7	4.1	3.3	3.9
– 총 기존 주택 중간 가격(천 달러)	366.7	397.5	401.4	397.1	398.0	398.1	394.1	393.8	394.5	394.9	395.4	396.1	390.7	396.0	395.1	394.3
– 신규 주택 중간 가격(천 달러)	434.8	418.7	428.9	425.8	428.6	432.2	431.9	432.8	434.7	437.2	439.5	441.8	427.0	431.4	438.3	432.0
이자율																
– 30년 만기 고정 금리 주택 담보 대출(%)	6.4	6.5	7.0	7.5	7.1	6.6	6.3	6.1	5.9	5.8	5.6	5.5	7.5	6.1	5.5	5.4
– 10년 만기 국채 수익률(%)	3.6	3.6	4.2	4.6	4.3	4.0	3.8	3.7	3.7	3.7	3.6	3.6	4.6	3.7	3.6	3.6
모기지 발생																
– 총 1-4인 가족 (10억 달러)	333	463	444	399	429	525	543	523	501	619	620	598	1,639	2,020	2,339	2,436
구입	267	371	363	324	330	410	408	382	346	461	456	436	1,325	1,530	1,699	1,782
재융자	66	92	81	75	99	116	135	140	155	158	164	162	314	490	639	654
재융자 지분(%)	20	20	18	19	23	22	25	27	31	26	27	27	19	24	27	27
FHA(연방주택청) 발생(10억 달러)													197	221	233	224
– 총 1-4가구 (1천대 대출)	895	1,239	1,165	1,034	1,107	1,335	1,372	1,315	1,260	1,526	1,519	1,457	4,333	5,129	5,761	5,797
구입	686	948	913	804	807	989	974	904	811	1,072	1,050	997	3,350	3,674	3,930	3,986
재융자	210	291	252	230	300	346	399	411	448	454	469	460	983	1,455	1,831	1,811
재융자 지분(%)	23	23	22	22	27	26	29	31	36	30	31	32	23	28	32	31
모기지 부채 미결제																
– 1-4인 가족 (10억 달러)	13,671	13,767	13,822	13,879	13,931	13,988	14,050	14,117	14,190	14,264	14,343	14,425	13,879	14,117	14,690	14,783

출처: 모기지은행협회(2023년 11월 발표)

6% 미만이다. 또 그중 62%가 4% 미만이다. 이것이 심각한 기존 주택 부족의 원인이 되었다. 그리고 이들이 주택 유효 수요자로 나서지 않아 주택 가격은 완만하게 상승했다.

 2024년에는 모기지 금리가 낮아질 수 있지만 그 수치는 6% 내외로 예상된다. 따라서 그보다 낮은 모기지 금리로 주택을 소유하고 있는 이들이 주택 판매 시장에 나설 가능성은 높지 않다. 모기지 금리가 6%보다 훨씬 낮아진다면 상황이 달라질 수 있다. 미국에서 주택을 구입하려는 구매자들은 더 낮은 가격으로, 즉 경쟁이 덜할 때 주택을 구입하고 이후 모기지 금리가 좀 더 낮아지면 재융자를 받으려고 기다리는 중이다.

(2) 실업률

➡ 실업률은 증가한다.

 2023년 7월에 발표된 의회예산처 Congressional Budget Office의 미국 경제 전망 보고서는 미국의 경제 성장이 둔화되었다가 2023-2025년에 걸쳐 조금씩 회복될 것으로 예상한다. 의회예산처는 정기적으로 경제 전망을 업데이트하는데, 2023-2025년의 주요 전망은 다음과 같았다.

♦ 미국 의회예산처·연준 경제 전망 비교

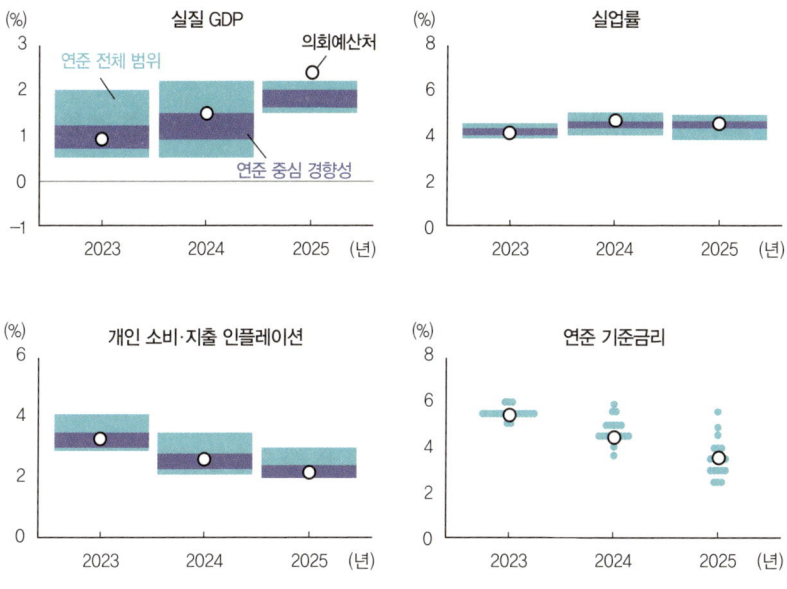

출처: 미국 의회예산처(2023년 7월 발표)

- 경제 성장은 둔화되었다가 다시 회복된다. 2023년 하반기에 실질 국내총생산GDP 증가율이 연간 0.4%로 둔화된다. 하지만 2023년 전체 실질 GDP는 0.9% 증가한다. 2023년 이후에는 통화 정책이 완화되면서 성장이 가속화된다. 실질 GDP는 2024년 1.5%, 2025년 2.4%로 증가한다.
- 경제 성장의 초기 둔화는 실업을 초래한다. 실업률은 2023년 말까지 4.1%, 2024년 말까지 4.7%에 도달한 후, 2025년에는

4.5%로 소폭 감소한다. 임금 고용은 2024년 월 평균 1만 개 감소하고 평균 6,000개 증가한다.
- 인플레이션은 점차 감소한다. 개인소비지출Personal Consumption Expenditure, PCE 증가율은 2023년 3.3%에서 2024년 2.6%, 2025년 2.2%로 둔화된다. 이는 노동 시장 약화, 주택 가격 상승 둔화(주택 가격 하락까지 포함) 등 여러 요인을 반영한다.
- 연준은 2023년 중반에 연방기금금리Federal Fund Rate, FFR의 목표 범위를 늘린다. 인플레이션이 계속 냉각됨에 따라 2024년 상반기에 목표 범위를 줄이기 시작한다. FFR은 2023년 4분기 5.4%에서 2024년 4분기 4.5%, 2025년 4분기 3.6%로 인하된다.

패니메이는 미국의 경기 침체가 2023년 4분기 또는 2024년 1분기에 시작되며, 완만한 경사를 이룰 것으로 예상했다. 패니메이의 ESR Economic & Strategic Research은 2023년 9월 다음과 같이 밝혔다.

- 연착륙하려면 실업률이 충분히 상승하여 임금 증가율이 장기적으로 연 인플레이션율 목표인 2%에 맞춰 둔화될 수 있도록 한동안 경제 성장이 둔화되어야 한다.
- 2024년에 연착륙 여부에 관계없이 미국 주택 판매는 부진할 것이다. 기존 주택 공급이 부족하고, 30년 만기 고정 모기지

♦ 패니메이의 미국 경제 전망

	2023년				2024년				2025년				2022년	2023년	2024년	2025년
	1분기	2분기	3분기	4분기	1분기	2분기	3분기	4분기	1분기	2분기	3분기	4분기				
백분율: 분기별 계절 조정 연율 (SAAR), 연간 4분기/4분기																
국내총생산	2.2	2.1	4.9	1.1	0.1	−1.5	−0.5	0.5	1.2	1.6	1.8	1.9	0.7	2.6	−0.4	1.6
− 개인소비지출 (PCE)	3.8	0.8	4.0	2.1	0.9	−0.7	−0.2	0.6	1.0	1.4	1.5	1.7	1.2	2.7	0.2	1.4
− 주거용 고정 투자	−5.3	−2.2	3.9	−2.5	−9.0	−7.4	−1.3	4.6	8.3	9.0	9.2	9.4	−17.4	−1.6	−3.4	9.0
− 사업 고정 투자	5.7	7.4	−0.1	2.1	0.2	−3.3	−3.1	−1.8	−0.2	0.8	1.5	1.8	5.6	3.8	−2.0	1.0
− 정부 소비와 투자	4.8	3.3	4.6	0.6	1.0	0.6	0.5	0.4	0.4	0.6	0.6	0.6	0.8	3.3	0.6	0.5
실질 GDP '연쇄' 2012년 달러																
순 수출	−1,243	−1,231	−1,244	−1,258	−1,292	−1,291	−1,274	−1,269	−1,270	−1,282	−1,297	−1,317	−1,366	−1,244	−1,282	−1,292
사업 재고 변화	28	16	84	54	59	29	13	7	12	24	37	49	133	45	27	30
백분율: 분기별 YoY, 연간 4분기/4분기																
− 소비자물가지수	5.8	4.1	3.6	3.1	2.6	2.4	2.1	2.1	2.4	2.6	2.7	2.6	7.1	3.1	2.1	2.6
핵심 소비자물가지수(예: 식품 및 에너지)	5.6	5.2	4.4	3.9	3.5	3.0	2.9	2.6	2.4	2.3	2.3	2.3	6.0	3.9	2.6	2.3
− 개인소비지출가격지수	5.0	3.9	3.4	3.0	2.4	2.3	2.1	2.1	2.2	2.2	2.2	2.2	5.9	3.0	2.1	2.2
핵심 개인소비지출가격지수(예: 식품 및 에너지)	4.8	4.6	3.9	3.5	2.9	2.6	2.6	2.4	2.2	2.1	2.1	2.0	5.1	3.5	2.4	2.0
백분율: 분기별 평균, Mo, Chg, Thous., 연간 Mil																
− 고용, 전체 비농업	312	201	233	117	7	−78	−112	−105	−42	12	83	101	4.8	2.6	−0.9	0.5
백분율: 4분기/4분기													3.4	1.8	−0.4	0.2
백분율: 분기별 평균, 연간 평균																
− 실업률	3.5	3.6	3.7	3.9	4.1	4.4	4.8	5.1	5.3	5.4	5.4	5.3	3.6	3.6	4.6	5.3
− 연방기금 금리	4.5	5.0	5.3	5.4	5.3	5.1	5.1	5.0	4.7	4.5	4.4	4.4	1.7	5.0	5.1	4.5
1년 국채 수익률	4.8	4.9	5.4	5.4	5.2	5.1	4.8	4.6	4.5	4.5	4.5	4.6	2.8	5.1	4.9	4.5
10년 국채 수익률	3.6	3.6	4.2	4.8	4.8	4.8	4.8	4.8	4.8	4.8	4.8	4.9	3.0	4.1	4.8	4.8

출처: 패니메이(2023년 11월 발표)

금리가 7%대로 상승함에 따라 2023년 하반기에 주택 판매가 부진했기 때문이다.
- 처음 예상한 가벼운 경기 침체 시기는 2023년 하반기였지만 주택 공급 부족과 쌓아 놓은 가계 저축으로 방어할 수 있었다. 2024년 상반기에는 저축이 고갈됨에 따라 지출과 소득이 재조정되면서 경기 침체가 오리라 예상된다.

(3) 수요

▶ 첫 주택 구매자의 수요는 증가한다.

최근 몇 년 동안 첫 주택 구매자가 미국 주택 시장의 주요 수요자였음에도 그들의 시장 점유율은 줄어들고 있다. 미국 부동산중개인협회에서는 오늘 날짜를 기준으로 최근 3년 안에 주택을 소유한 적이 없다면 '첫 주택 구매자'라고 정의한다.

첫 주택 구매자 비율은 2022년 6월에 가장 낮았다. 높은 임대료를 감당해야 했기에 주택 구입을 위한 초기 자본을 모으기가 힘들었던 것이다. 이들의 상당수는 밀레니얼 세대인데, 2030년도까지 주택 구입 전성기를 맞이할 것으로 예측한다. 또한 1990년대 중반부터 2010년대 초반 사이에 태어난 Z세대의 상당수가 2024년에 첫 주택 구매자로서 미국 주택 시장으로 진출할 것으로 보인다.

➡ 수요는 도심 외곽 지역, 2선 도시, 선벨트 지역에서 증가한다.

밀레니얼 세대와 Z세대의 젊은 전문직 근로자는 미국 주택 시장의 주요 수요자로, 꾸준히 늘고 있다. 다수가 원격, 재택 근무가 가능한 직업군에 속한 이들은 주택 가격이 저렴하고 삶의 질이 높은 지역을 선호한다. 따라서 도심 외곽 지역, 2선 도시와 선벨트 지역으로 지속적으로 이주한다. 이러한 경향은 2024년에도 이어지리라 전망한다.

➡ 저렴한 주택에 대한 수요는 증가한다.

주택 구입 비용이 높아져 2024년에도 저렴한 주택에 대한 수요는 증가할 것으로 보인다. 건설사들은 집 크기를 줄임으로써 주택 가격을 조절할 것이다. 작은 크기와 합리적인 가격을 갖춘 주택은 인구가 많이 유입되고 신규 건설이 활발한 시장에 주로 공급될 것이다. 한편 고물가를 자랑하는 거대 도시들에는 조립식 주택이 대안이 될 것이다.

⇨ 공동구매는 증가한다.

팬데믹 기간 동안에 주택 가격 상승이 가계 소득 상승보다 높았다. 이로 인해 주택에서도 공동구매가 증가하는 추세다. 2022년 2월과 3월에 실시된 공동구매에 관한 질로우의 설문 조사에 따르면, 주택 구매자의 18%가 배우자가 아닌 친구나 친척과 주택을 공동으로 구매했다. 이러한 경향은 2024년에도 지속될 것으로 보인다.

2024년에 모기지 금리가 다소 낮아진다 해도 과거의 3%대와 같은 저금리는 기대할 수 없다. 이미 상승한 주택 가격이 하락하지 않는 한 구매자의 구입 능력은 상향 조정된 상태를 유지할 가능성이 높다. 미국 최대 도시이자 고물가를 자랑하는 뉴욕, 샌프란시스코, 로스앤젤레스 등의 지역에서 공동구매는 더욱 두드러질 것이다.

2023년 미국 근로자의 평균 연봉은 5만 9,428달러였다. 또 2022년 미국의 실질 평균 가계소득은 7만 4,580달러였다. 루비홈에서 조사한 2023년 1분기 기준, 미국에서 평균 단독 주택을 구입하는 데 필요한 연 소득은 10만 2,557달러(한화 약 1억 3,500만 원)에 달한다. 뉴욕의 경우 15만 9,500달러, 로스앤젤레스는 20만 6,330달러, 댈러스는 10만 2,889달러, 애틀랜타는 9만 7,888달러의 연 소득이 필요한 것으로 나타났다.

미국 내 근로자들의 평균 연봉을 기준으로 볼 때, 주택 공동구매가 증가하는 가장 큰 이유는 단일 구매자의 소득만으로는 모기지 대출 자격을 충족시키지 못하기 때문이다.

♦ 미국 상위 50개 도시에서 평균 주택 구입 시 필요한 연봉

(달러)

	2023년 1분기 중간 가격	필요 소득	2022년 1분기 중간 가격	필요 소득	연 대비 소득 변화
전국 평균	371,200	102,557	372,000	82,825	19,733
애틀랜타	354,300	97,888	350,300	77,993	19,895
댈러스	372,400	102,889	365,400	81,355	21,534
로스앤젤레스	746,800	206,330	792,500	176,448	29,882
뉴욕	577,300	159,500	578,100	128,712	30,788

분기별 단독 주택 평균 가격(NAR 기준)
모기지 금리: 2022년 1분기 3.82%, 2023년 1분기 6.37% 적용
30년 고정 금리 모기지, 80% LTV, 소득 대비 부채(DTI) 비율: 28% 적용
세금: 구매 가격의 1.25%, 보험: 구매 가격의 0.5% 적용
부동산 유형: 단독 주택
수도권 통계 지역(MSA)으로 정의된 도시 기준

출처: 루비홈(Ruby Home)

> **용어 설명**
>
> **첫 주택 구매자와 생애 첫 주택 구매자**
>
> 첫 주택 구매자와 생애 첫 주택 구매자 모두 영어로는 'First Time Home Buyer'라고 표현한다. 일생 동안 한 번도 집을 사 본 적 없는 사람(생애 첫 주택 구매자)과, 예전에 집을 사 본 적 있지만 그 집을 팔고 다시 집을 사지 못하고 있는 사람을 전부 가리킨다. 그중에서 미국 부동산중개인협회에서 말하는 'First Time Home Buyer'는 일생 동안 한 번도 집을 사 본 적이 없

> 는 사람과 3년 전(그 이상)에 집을 판 후 아직 집을 사지 않은 사람을 말한다. 즉 오늘 날짜를 기준으로 3년 전부터 오늘까지 집을 소유하지 않은 사람은 모두 First Time Home Buyer가 된다.
> 정리하면 미국 부동산 시장에서는 일생 동안 한 번도 집을 사 본 적이 없는 사람과 3년 전(그 이상)에 집을 판 후 아직 집을 사지 않은 사람이 같은 의미로 통용된다.

(4) 공급

➡ 락인 효과 연장으로 기존 주택 매물은 여전히 부족하다.

앞에서 여러 번 언급했듯이 기존 주택 소유자들은 저금리 시대에 금리 3%대로 주택을 구입했거나 재융자를 많이 받았다. 이들은 급한 상황이 아닌 이상 시장에 참여하지 않는다. 이미 낮은 금리로 주택을 구입했거나 재융자를 받은 이들이 2배로 오른 금리를 감당하면서 새로운 주택으로 이사하기를 달가워하지는 않을 것이기 때문이다.

소비자를 특정 제품이나 서비스에 묶어 두는 효과를 락인Lock In 효과라고 한다. 다른 말로 잠금 효과, 혹은 자물쇠 효과라고도 한다. 현재 이용하고 있는 특정 재화나 서비스가 다른 재화나 서비스의 선택을 제한하여 기존에 이용하던 것을 계속 이용하는 현상이다. 이것이 2024년에도 지속될 것으로 보인다. 따라서 기존 주택 공급은 여전히 제한될 것이다. 2024년에 금리가 다소 낮아진다면 락인 효과로 멈춰 있던 주택들이 조금씩 움직일 것이나 그 수가 적어 큰 효과를 기대하기는 힘들다.

➡ 신규 주택 허가 및 착공 건수는 소폭 증가한다.

미국 주택건설협회는 인플레이션율 상승, 높은 모기지 금리, 건축 자재 및 건축 비용 상승이 신규 주택 산업에 계속해서 타격을 주면서 2022년에 시작된 주택 경기 둔화가 2023년까지 지속될 것으로 내다봤다. 또한 신규 주택 건축 허가 건수가 감소하여 2023년에 구입 가능한 신규 주택 역시 감소할 것이라고 했다. 그러나 2023년 하반기에 상황이 반전될 기미가 보였다.

미국 주택건설협회의 수석 경제학자인 로버트 디에츠는 연준의 기준금리 인상이 2023년 하반기를 기점으로 완화되면서 이때부터 단독 주택 건설 속도가 개선되어 2024년에는 단독 주택 착공이 증가할 것으로 전망했다.

2022년에 미국 주택건설협회의 주택시장지수^{HMI}로 측정한 건축업체 신뢰도는 급격히 하락한 반면에 2023년 상반기에는 건축업체 신뢰도가 상승했고 약간이나마 긍정적으로 돌아왔다. 2023

♦ **HMI로 측정한 건축업체 신뢰도**

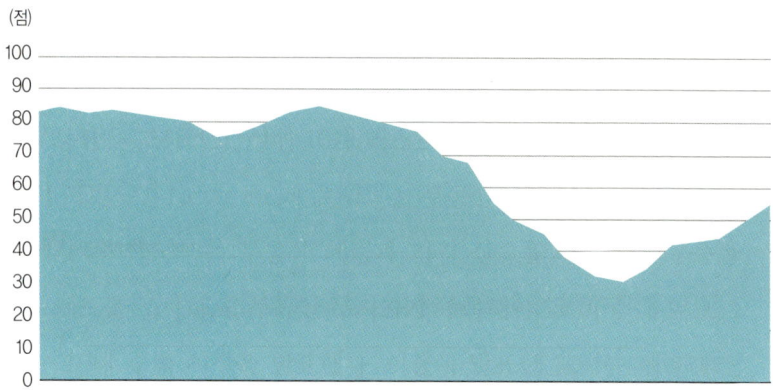

출처: 미국 주택건설협회

년 6월 건축업자 신뢰도는 100점 만점에 55점으로, 2022년 12월의 (최저치인) 31점과 비교된다. 참고로 2022년 7월 건축업체 신뢰도는 100점 만점에 55점이었다. 2023년 상반기에 단독 주택 착공 건수가 일시적으로 감소했지만 2023년 하반기부터 2024년까지의 단독 주택 착공 전망은 긍정적이다.

미국 부동산중개인협회는 2024년에 총 신규 주택 허가 및 착공 건수가 분기마다 증가할 것으로 예상했다. 또 2024년 2분기까지 단독 주택 착공 건수가 102만 건에 달할 것으로 전망했다.

♦ 미국 신축 주택 연도별 변화

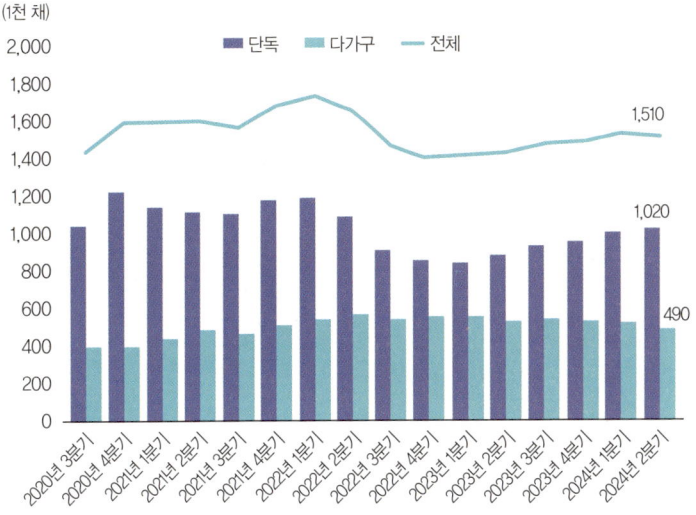

출처: 미국 부동산중개인협회
* 2024년은 추정치다.

(5) 주택 가격 동향

➡ **주택 가격 상승과 임대료 상승은 정상화된다.**

2023년 하반기부터 이어지고 있는 주택과 임대료 가격의 상승세는 멈추고, 이후 정상화될 것으로 예상한다. 2024년 상반기에 미국 내 실업률이 증가하면서 모기지 금리가 낮아질 것으로 보기 때문이다.

♦ 미국 전역 주택 가격 상승률

출처: 코어로직

재무, 재산 및 소비자 정보 분석 등의 비즈니스 정보를 제공하는 코어로직Corelogic의 2023년 9월 주택 가격 인사이트Home Price Insights 보고서에 따르면 미국 전역의 주택 가격은 2023년 7월 기준, 전년 대비 2.5% 상승했다. 전월 기준으로 보면 0.4% 상승했다. 또 이 보고서는 주택 가격이 2023년 7월부터 2023년 8월까지 전월 대비 0.4% 증가하고, 2023년 7월부터 2024년 7월까지는 전년 대비 3.5% 증가할 것으로 내다봤다.

미국 내 주택 가격 상승률은 2023년 7월에 전년 동기 대비 반등하여 2.5% 증가했으며, 이후 두 달 동안 1.6%의 상승을 기록했다. 주택 가격 하락을 보인 11개 주는 모두 서부 지역이었다. 다만 이들 시장 중 다수가 주택 재고가 부족한 상황이라 이러한 추세가 오래가지 않을 수 있다. 구매자들끼리의 가격 경쟁으로 가격이 다시 상승할 가능성이 높기 때문이다.

코어로직은 2023년 7월에 전년 대비 손실을 보았던 모든 주가 2023년 10월부터는 이익을 기록할 것으로 예상했다.

미국 부동산중개인협회의 수석 경제학자인 로렌스 윤은 많은 구매자에 비해 주택 매물이 적기 때문에 2024년에 주택 가격은 2.6% 상승할 것으로 예상했다.

프레디맥은 2023년 2분기와 3분기 몇 달 동안 신규 주택 건설이 활발했음에도 여전히 매매 및 임대 주택이 약 380만 채 부족하다고 밝혔다. 이와 같은 주택 공급 부족으로 2023년 8월부터 2024년 8월까지 주택 가격이 0.8% 상승하고, 이후 12개월 동안 0.9% 추가 상승할 것으로 예상했다. 그는 주택 가격 상승 뒤에는 주택 구입 전성기에 도달한 밀레니얼 세대가 존재한다고 덧붙였다.

질로우는 지속적인 모기지 금리 인상과 경기 침체에도 주택 공급 부족으로 2023년 7월부터 2024년 7월까지 주택 가격이 6.5% 정도 상승할 것으로 예상했다.

리얼터닷컴은 주택 가격은 2024년에도 상승하겠지만 연 평균 5.4%의 상승률을 보일 것이라고 했다.

➡ 주택 가격 변화는 지역에 따라 다르다.

2024년에 미국의 주택 가격은 전체적으로 완만하게 상승할 것으로 예상하지만, 지역에 따라 가격 변화가 다를 수 있다. 애틀랜타, 내슈빌, 샬럿 등의 남부 지역에서는 주택 가격이 안정적으로 상승하는 데 반해 보이시, 오스틴 같은 팬데믹 기간에 큰 성장을 보인 지역들에서는 다소 냉각될 가능성도 있다.

➡ 임대료 상승이 주택 가격 상승을 초과할 수 있다.

주택 구입 비용 증가로 인해 주택 구입 자본이 부족한 사람들이 임대를 택함으로써 임대 수요가 늘었다. 여기 더해 느린 건설 속도로 임대 주택은 계속하여 공급이 부족해 공실률이 낮은 편이다. 이에 집 소유자들은 비용 상쇄를 위해 임대료를 올리고 있다. 팬데믹 동안 임대료는 두 자릿수 증가세를 보였다. 2022년 하반기 이후 상승 폭은 다소 둔화되었어도 상승하고 있다.

임대 시장의 상황을 고려할 때 2024년에는 임대료 상승이 주택 가격 상승을 초과할지도 모른다는 예상이 나오고 있다. 대비책도 있다. 임대 부동산 수요가 증가함에 따라 댈러스와 애틀랜타 등의 2선 도시에 여러 다세대 주택이 지어졌다. 시간은 소요되겠지만 이것이 임대료 상승을 완화시킬 것으로 기대한다.

(6) 사회적 변화

→ **노숙자 증가로 구역법 변경이 증가한다.**

미국에서는 노숙 경험자 수가 증가하고 있으며, 향후 5년 동안 계속 증가할 것으로 예상한다. 미국 주택도시개발부는 2022년에 약 58만 2,000명의 미국인이 노숙을 경험했다고 보고했다. 그리고 그중 약 3만 명이 주택 구입 여력이 없어 가족 및 친구와 살고 있다고 추정했다. 결과적으로 여러 도시와 주에서 개발자와 주택 소유자가 단독 주택 부지에 더 많은 주택을 지을 수 있도록 구역법을 변경했다. 이러한 추세는 더 많은 도시와 교외 지역으로 확산될 것으로 보인다. 또한 향후 몇 년간은 인구가 밀집된 도시에서 단독 주택을 대체하는 소규모 다가구 주택이 더욱 보편화될 것으로 보인다.

(7) 기술적 변화

→ **스마트 홈과 친환경 생활에 대한 수요가 증가한다.**

2024년에는 기술 발전과 친환경 생활에 대한 수요가 더욱 증가할 것이다. 첨단 자동화 시스템, 에너지 효율적인 가전제품, 통합 보안 기능을 갖춘 스마트 홈은 계속 인기를 끌 것이다. 주택 구매자는 음성 명령이나 스마트폰 앱을 통해 생활환경을 조절하고 통제할 수 있는 스마트 홈 기능을 갖춘 주택을 찾을 것으로 보인다. 태양광 패널, 친환경 건축 자재와 같은 친환경 생활에 대한 관심도 높아지고 있으며, 장기적으로는 비용을 절감할 수 있어 점점 더 많은 사람들이 선호하고 있다.

▶ 부동산 데이터를 위한 알고리즘 기술이 도입된다.

부동산 분야에서도 데이터 의존도가 높아지면서 2024년에는 알고리즘 기술이 더욱 보편화될 것으로 보고 있다. 이 기술은 시장 동향을 예측하고 부동산 가치를 분석하고 매매 과정을 최적화하는 데 중요한 역할을 할 것이다. 알고리즘 기술을 도입하는 부동산 회사들이 늘어나면 보다 투명하고 효율적인 거래가 가능해지리라 예상한다.

이상으로 2024년 미국 부동산 시장의 흐름을 파악하는 데 필요한 주요 변화를 정리했다. 이를 통해 2024년의 미국 주택 시장은 완만한 가격 상승을 보일 가능성이 높음을 예상해 볼 수 있다.
연간 인플레이션율은 연준의 목표치인 2%대를 유지하면서 경기 침체로 이어질 수 있다. 이로 인해 실업률이 다소 증가할 수 있고, 모기지 금리는 다소 낮아질 가능성이 높다. 모기지 금리가 다소 낮아지면서 주택 수요는 2023년보다 늘어나고, 공급은 그 속도를 따라오지 못해 2024년에도 부족할 것으로 짐작된다. 미국 주택 시장에서의 공급 부족은 2030년까지 이어질 수 있다. 여기에 건축 자재 비용과 인건비 상승도 영향을 준다. 따라서 주택 구매자와 건축업체는 주택 가격과 모기지 금리만이 아니라 재산세, 유지 관리 비용, 보험료 및 기타 비용 등을 충분히 고려해 봐야 한다.

환율 변동에 따른 미국 부동산 시장을 파악하라

　오늘날의 부동산 투자 환경에서 투자자는 전 세계 어디든 자신이 원하는 지역의 부동산을 소유할 수 있다. 국제 부동산 투자자들은 자신이 투자할 국가의 부동산 유형별 판매 동향, 수요와 공급, 금리 및 세금을 포함한 주요 요소들에 세심한 주의를 기울인다. 이때 환율은 매우 중요한 요소다. 특히 환율 변동은 투자 희망 국가의 부동산 시장에도 큰 영향을 미친다. 환율 변동은 인플레이션, 통화 정책, 소비자 신뢰, 국제수지, GDP 같은 수많은 경제적 요인에 의해 발생한다. 환율 변동의 간접적인 영향은 훨씬 더 광범위하다.

　그렇다면 환율 변동이 미국 부동산 시장과 외국인 투자자들에게 어떤 영향을 미치는지, 그리고 투자 결정에는 어떻게 작용하는지 알아볼 필요가 있다.

(1) 환율 변동이 미국 부동산 시장과 외국인 투자자에게 미치는 영향

▶ **환율 변동은 미국 부동산 시장에 진입하는 외국인 투자자 수요에 영향을 미친다.**

가장 먼저 환율이 대부분의 외국 부동산 투자자에게 영향을 미친다는 점을 이해해야 한다. 환율 변동은 미국 부동산 시장에 진입하는 외국인 투자자 수에 큰 영향을 줄 수 있다. 문제는 어떤 통화가 성장하고 있는가이다. 일반적으로 달러의 가치가 약할 때 외국인 투자자가 시장에 유입된다. 예를 들어 미국 달러 대비 원화 가치가 상승하면, 즉 미국 달러의 가치가 원화 대비 하락하면, 한국에 거주하고 있는 투자자의 구매력이 증가한다. 환율이 이들에게 유리하게 작용하기 때문에 같은 돈으로 더 양질의 부동산을 구입할 수 있다.

➡ 환율 변동은 미국 부동산 가격에 영향을 미친다.

 부동산 가치에 영향을 미치는 여러 가지 요소가 있다. 그중 인구 유입, 위치, 이웃, 부동산 상태 및 연식은 매우 중요한 요소다. 만약 한국에서 미국 부동산 투자를 계획하고 있다면 여기에 '환율'도 포함시켜야 한다.
 외국인 투자자는 미국 통화인 달러로 부동산을 거래해야 한다. 따라서 자국 통화의 강도에 따라 투자하려는 미국 부동산의 가치가 결정된다. 미국에 있는 어느 주택의 가격이 1달러라고 했을 때, 원화로 1달러가 1,000원이냐 1,400원이냐에 따라 한국 투자자들이 느끼는 부담은 어마어마하게 다르다. 원화가 약세일 때는 더 많은 비용을 지불해야 한다. 반대로 이 시기에 소유하고 있던 미국 부동산을 판다면 큰 이익을 볼 수 있다. 결론적으로 한국에서 미국 부동산을 구입하기에 좋은 시기는 달러가 약할 때다. 달러가 약세일 때 외국인 구매자들이 미국 부동산을 구입함으로써 미국의 부동산 가격을 끌어 올린다. 이들이 미국 부동산 시장의 수요자로 나서기 때문이다.

➡ 환율 변동은 미국 부동산에서 얻는 임대 수익에 영향을 미친다.

 환율 변동은 외국인 투자자들에게 미국 부동산을 구입하는 비용만이 아니라, 그들이 구입한 미국 부동산에서 얻는 임대 수익에도 영향을 미친다. 미국 달러가 강세일 때는 한국 투자자들이 미국 부동산을 구입하는 데 더 많은 비용이 들지만 구입 후 부동산을 임대 주어 얻는 수익도 그만큼 많아진다. 반대로 미국 달러가 약세일 때는 부동산을 구입하는 비용은 줄지만 임대 수익도 적다.

다만 쉬운 이해를 위해 대한민국-미국 간 세금 관련 부분은 제외하고 설명했다.

> ➡ **외국인 투자자가 미국 부동산을 구입하여 임대 수익을 얻거나, 미국에서 장기 거주할 경우 환율 변동에 따른 구입 비용과 임대 수익은 결과적으로 상쇄된다.**

미국 부동산의 임대 관리를 위한 운영 비용을 한국에서 원화로 충당한다면 달러가 강세일 때 비용이 증가한다. 그러나 미국 현지에서 얻는 임대 수익으로 공과금, 주택소유자협회 수수료 및 세금 등을 충당할 수 있어 실질적으로는 비용이 절감된다. 임대 기간이 길어질수록 구입 비용을 임대 소득으로 상쇄할 수도 있다. 반면에 달러 약세 기간에 장기 거주 목적으로 미국에 있는 주택을 구입한다면 구입 비용도 줄고, 생활비도 줄어든다. 반대로 이 기간에 소유 중인 미국 집을 판다면 자국의 통화로 환전되어진 실제적인 소득은 감소한다. 미국 거주 기간이 길어질수록 줄어든 주택 구입 비용과 생활 비용은 실제 판매 소득을 상쇄할 수도 있다.

➡ 환율 변동은 인플레이션과 금리에 간접적인 영향을 미친다.

달러 약세는 인플레이션율을 높이고 금리가 인상되는 데도 영향을 미친다. 높은 금리는 주택 구입 비용과 대출 상환액을 증가시킨다. 결과적으로 대출 및 주택에 대한 수요가 감소한다. 반대로, 달러 강세는 인플레이션을 억제하고 금리를 낮추는 데 영향을 미친다. 즉, 환율은 금리에 간접적인 영향을 준다.

달러 가치는 미국의 경제 안정을 나타내는 지표다. 다시 말해 달러와 부동산 가치가 동시에 증가할 수도 있다. 팬데믹 기간 동안 미국 주택 시장의 모기지 금리는 역사상 최저치를 기록했다. 그럼에도 미국 달러의 가치는 강세를 보이고 있는데, 이는 달러가 여전히 기축통화로서의 지위를 유지하고 있음을 보여 준다.

지금까지 환율 변동이 미국 부동산 시장과 외국인 투자자들에게 어떤 영향을 미치는지 살펴봤다. 다음으로 환율 변동이 미국 부동산 투자를 고민하는 외국인 투자자들의 투자 결정에 실질적으로 어떠한 영향을 주며, 어떻게 헤지hedge할지에 대해서 알아보자.

> **용어 설명**
>
> **헤지**
> 환율, 금리 또는 다른 자산에 대한 투자 등을 통해 보유하고 있는 위험 자산의 가격 변동을 제거하는 것.

(2) 환율 변동에 따른 미국 부동산 투자 전략

1) 환율 변동에 따른 미국 부동산 투자 실제 수익 비교

한국 투자자들은 원화-달러 간 환율 변동을 잘 알아야 한다. 달러 약세 시장인지 강세 시장인지에 따라 한국 투자자들에게 미국 부동산 가격이 더 비싸거나 더 저렴할 수 있기 때문이다. 이에 한국 투자자가 미국에 있는 거주용 임대 주택을 구입할 때, 환율 변동으로 실제 투자 수익이 얼마나 달라지는지를 함께 살펴봄으로써 이해를 돕고자 한다.

한국에 사는 김과 박은 미국에 있는 유사한 임대용 부동산을 구입했다. 가격과 임대 수입 모두 같으나 매도인과 매수인이 거래 계약을 종결하는 '클로징' 시점이 달라서 미국에 돈을 송금하는 시점이 달랐다. 시간이 지나 김과 박은 비슷한 시점에 자신들이 소유한 유사한 임대용 부동산을 처분하기로 결정했는데, 이번에도 클로징 시점이 달랐다.

유사한 임대용 부동산을 구입했음에도 김과 박이 미국 부동산을 취득하고 매각하는 시점에서의 환율 차이로 인해 두 사람의 실질 투자 수익은 크게 달랐다.

- 김은 미국에 있는 거주용 임대 주택을 전액 자신의 자금으로 40만 달러에 구입했다. 이 부동산의 월 임대료는 2,500달러, 월 운영비는 350달러로, 월 현금 흐름은 2,150달러, 연간 수동소득은 2만 5,800달러다.
    ① 1달러=900원인 경우: 40만 달러의 부동산은 3억 6,000만 원에 구입이 가능하다. 월 현금 흐름은 193만 5,000원, 연간 수동소득은 2,322만 원이다.
    ② 1달러=1,300원인 경우: 40만 달러의 부동산은 5억 2,000만 원에 구입이 가능하다. 월 현금 흐름은 279만 5,000원, 연간 수동소득은 3,354만 원이다.

- 5년 후, 김은 살 때 40만 달러였던 부동산을 55만 달러에 매각했다.

① 1달러=900원인 경우: 4억 9,500만 원을 환수한다.
② 1달러=1,300원인 경우: 7억 1,500만 원을 환수한다.

김은 40만 달러인 미국의 임대용 주택을 1달러=900원인 달러 약세 시점에서 3억 6,000만 원에 사서, 5년 동안 공실 없이 운용하여 연간 수동소득으로 2,322만 원(5년 합산 수동소득 1억 1,610만 원)을 벌었다. (다만 김이 임대용 주택을 보유하고 있는 기간 동안 환율 변동이 없었다고 가정한다.) 그리고 5년 후, 55만 달러가 된 임대용 주택을 1달러=1,300원인 달러 강세 시점에서 팔아서, 7억 1,500만 원을 환수했다. 환율 차익으로 3억 5,500만 원을 번 것이다. 김은 총 투자 비용 3억 6,000만 원의 매각 수익 외에도 5년 동안 수동소득 1억 1,610만 원도 얻었다. 그의 총 수익은 4억 7,110만 원이다.

박도 미국에 있는 거주용 임대 주택을 전액 자신의 자금으로 40만 달러에 구입했다. 이 부동산의 월 임대료는 2,500달러, 월 운영비는 350달러로, 월 현금 흐름은 2,150달러, 연간 수동소득은 2만 5,800달러다. 다만 박은 40만 달러의 부동산을 1달러=1,300원인 달러 강세 시점에서 5억 2,000만 원에 구입했다. 그리고 5년 동안 공실 없이 운용하여 연간 수동소득으로 3,354만 원(5년 합산 수동소득 1억 6,770만 원)을 벌었다. (다만 박이 임대용 주택을 보유하고 있는 기간 동안 환율 변동이 없었다고 가정한다.) 5년 후, 박은 55만 달러가 된 부동산을 1달러=900원인 달러 약세 시점에서 4억 9,500만 원에 팔았다. 이 두 시기의 환율 차액으로 그는 2,500만 원 손해를 보았다. 종합하면 박은 총 투자비용 5억 2,000만 원으로 5년 동안 1억 4,270만 원의 수익을 얻었다.

위의 예시에서 잘 알 수 있듯, 달러가 약세일 때는 한국 투자자의 미국 부동산 시장 진입이 늘어난다. 반대로 달러가 강세일 때는 보유 중인 미국 부동산을 매각하여 시장에서는 빠지지만 환율 차익을 통해 투자 수익을 극대화할 수 있다.

이렇듯 환율 변동은 투자자의 투자 결정에 큰 영향을 미친다. 대부분의 국제 투자자는 자신이 투자하려는 국가에서 얻는 부동산에 대한 자본 이익보다 환율 변동으로 인한 환율 차익의 수익을 더욱 중요하게 여긴다. 영국 레딩 대학의 앤드류 바움 교수는 "국제 투자에서 투자 수익의 3분의 2는 환율 차익 거래에 의한 수익이고, 3분의 1만이 부동산 자체에 수익이라고 말할 수 있다"라고 했다. 미국 부동산 투자에 대한 실제 수익은 환율 차익 부분까지 포함하기 때문에 미국 부동산에 투자할 때는 이 점을 잘 숙지해야 한다.

2) 달러 강세 기간에 미국 부동산에 투자할 때 필요한 헤지 전략

한국 투자자들이 미국 부동산 시장에 진입하는 데 어려움으로 느낄 수 있는 '달러 강세 기간'에 미국 부동산에 투자한다면 어떠한 헤지 전략이 필요할까?

➡ 달러 강세 기간에 미국에서 대출을 활용하여 환율 변동에 대비할 수 있다.

달러 강세 기간에 미국 부동산을 구입할 경우, 초기 구입 부담은 높아지지만 그만큼 연간 수동소득도 높다. 이때 미국에서 약간의 대출을 받아 환율 변동에 보호를 받을 수 있다. 가장 먼저 한국과 미국의 금리 차이를 분석해야 한다. 미국의 금리가 한국의 금리보다 높으면 높을수록 원화의 가치가 평가 절하될 가능성이 크다. 하지만 이 경우에도 미국에서 약간의 레버리지(대출)를 활용하여 미국 부동산을 취득하면 환율 변동에 대비할 수 있다.

➡ 달러 강세 기간에 미국 부동산 투자로 얻는 임대 수익을 위한 미국 은행 계좌를 보유함으로써 환율 변동에 부분적으로 대비할 수 있다.

달러 강세 시기에는 단순히 미국 현지 은행의 계좌를 보유하는 것만으로도 환율 변동에 부분적으로 대비할 수 있다. 임대 수익을 달러로 은행에 보관하고, 이를 현지 비용을 지불하는 데 사용하는 것이다. 환율이 투자자에게 유리하다고 판단할 때 원화로 교환하는 방법이 바람직하다.

> 외국인 투자자가 달러 강세 기간에 미국 부동산에 투자할 경우 반드시 알아야 하는 내용은 다음과 같다.

- 미국 부동산을 구입하고 미국에 거주할 경우 환율 변동 위험을 피할 수 있다.
- 달러 강세는 소유한 미국 부동산을 팔 때 유리하다. 반대로 달러 약세는 미국 부동산을 살 때 유리하다.
- 한국 거주 투자자가 미국 부동산을 구입하여 미국에 거주하는 경우, 환율 변동은 미국 부동산 가치와 마찬가지로 현재 생활비에도 반대의 영향을 미친다.
- 한국 거주 투자자가 미국 임대 부동산을 구입하여 임대할 경우, 미국 부동산 가치에 대한 전반적인 위험과 실제 수익은 달러로 증가된 임대 수익을 통해 부분적으로 상쇄가 가능하다.

누구도 최적의 투자 타이밍을 맞출 수 없다. 환율 변동 역시 정확하게 예측할 수 없다. 그러나 환율 변동으로 인한 리스크 헤지를 다양화하고 최소화하는 것으로 여기에 대비할 수는 있다.

(3) 2024년 환율 예측

아래는 2024년 달러에 대한 원화 환율을 예상한 수치다. 이 도표가 말해 주듯 2024년에도 달러 강세가 지속될 것으로 보인다.

◆ 2024년 환율 변화 전망

년	월	최대	최소	종료	총 변화(%)
2023	12	1,468원	1,418원	1,446원	7.0
2024	1	1,497원	1,446원	1,475원	9.1
2024	2	1,475원	1,424원	1,446원	7.0
2024	3	1,464원	1,420원	1,442원	6.7
2024	4	1,444원	1,402원	1,423원	5.3
2024	5	1,473원	1,423원	1,451원	7.3
2024	6	1,453원	1,411원	1,432원	5.9
2024	7	1,483원	1,432원	1,461원	8.1
2024	8	1,461원	1,411원	1,432원	5.9
2024	9	1,432원	1,382원	1,403원	3.8
2024	10	1,403원	1,354원	1,375원	1.7
2024	11	1,381원	1,341원	1,361원	0.7
2024	12	1,409원	1,361원	1,388원	2.7

출처: wonforecast(2023년 12월 11일 기준)

달러 강세 기간에는 기축통화인 미국 달러를 보유한다는 차원으로 미국 부동산 투자를 고려하는 국제 투자자들이 늘어난다. 다만 이들의 움직임이 2024년 미국 부동산 시장에 어떤 영향을 미칠지는 두고 봐야 하겠다.

(4) 2024년 국제 투자자의 미국 부동산 시장 진출 동향

이제부터 미국 부동산에 투자하고 있는 국제 투자자들의 동향에 대해 알아보려고 한다. 미국 부동산중개인협회는 2023년 미국

◆ 해외 구매자의 미국 기존 주택 구매량

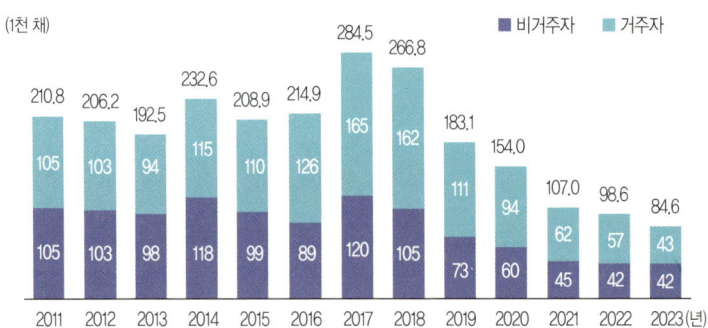

출처: 미국 부동산중개인협회
* 매년 3월로 끝나는 12개월 동안의 거래를 기준으로 했다.

거주용 부동산의 국제 거래 보고서를 발표했다. 아래 두 그래프를 보면 최근 미국 부동산을 구입하고 있는 국제 투자자들의 동향을 알 수 있다

높은 모기지 금리, 높은 주택 가격, 부족한 주택 공급 및 달러 강세로 국제 투자자들이 미국 부동산을 구입하는 데 필요한 비용이 증가하면서 이들이 미국 주택 시장에서 많이 후퇴했다. 국제 투자자들이 구입한 미국 주택 수는 줄어든 반면 그들이 구입한 주택의 중간 가격은 39만 6,400달러로 최고 수준이었다.

중국, 멕시코, 캐나다, 인도, 콜롬비아는 달러 규모가 아닌 주택 수 기준으로 기존 주택의 해외 구매자가 가장 많이 거주하는 상위 5개국이다. 미국 부동산중개인협회의 수석 경제학자인 로렌스 윤

♦ 해외 구매자의 미국 기존 주택 구매 달러 거래량

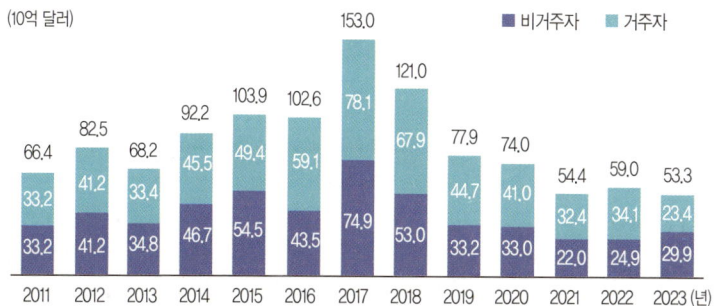

출처: 미국 부동산중개인협회
* 매년 3월로 끝나는 12개월 동안의 거래를 기준으로 했다.

은 보도자료를 통해 "중국이 세계에서 가장 엄격했던 팬데믹 봉쇄 정책을 완화한 후, 중국 구매자의 주택 구매가 증가했다. 반면에 인도 구매자들은 인도의 강력한 GDP 성장에 도움을 받았다"라고 했다. 2023년에 중국 투자자들의 미국 주택 구매 총액은 그들의 구매가 최고조에 달했던 2018년 이후 가장 높았다. 2017년과 2018년의 투자는 부유한 중국 투자자들이 자신의 자산을 미국으로 이전하기 위한 순수한 투자가 대부분이었다. 이에 반해 2023년은 미국 거주 목적의 투자가 많았다.

2017-2018년에 중국 투자자들의 수가 절정에 달한 것은 중국 정부가 중국에서 해외로의 자본 유출을 막기 위한 규제를 더 엄격

◆ 1976-2024년 미국 달러 지수 변동

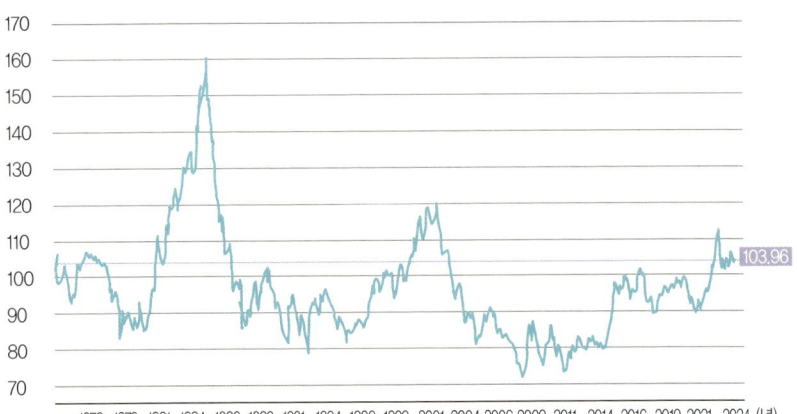

출처: Trading Economics

하게 시행하기 전에 안전 지역인 미국에 부동산을 구매하려는 움직임이 있었기 때문이다. 당시 미국 달러가 강세였음을 고려할 때 놀라운 일이었으며, 미국 주택 가격을 상승시키는 데도 영향을 미쳤다.

  나 역시 그때 상황을 생생하게 기억한다. 당시 미국의 주택 공급량은 지금처럼 부족하지 않았다. 그러나 인기 있는 신규 주택 단지에서 중국 매수인들의 바잉 파워가 워낙에 대단하여 하루에도 엄청난 양의 거래가 이루어졌다. 중국에서 들어오는 막대한 자본의 위력을 실감할 수 있었다. 어느 신규 타운하우스 단지에서는 중국인들이 6에서 8개의 유닛이 붙어 있는 건물 전체를 대출 없이 사들이기도 했다. 재빠르게 움직이지 않으면 계약조차 할 수 없는, 치열한 경쟁이 벌어지는 상황이었다.

  그런데 이로부터 1년 후인 2019년에는 국제 투자자들의 미국 주택 구매가 위축되었다. 미국에서는 이러한 상황을 '트럼프 효과'라고 불렀다. 미국 이민 정책에 대한 불확실성, 더 엄격해진 미국 정부의 외국 정부에 대한 규제 및 국제 무역 정책을 둘러싼 불확실성이 국제 투자자들로 하여금 미국 부동산 구매 활동을 주저하게 했다.

  지금까지 과거의 데이터를 기반으로 미국 주택 시장에서 국제 투자자들의 동향을 살펴보았다. 이를 통해 환율 변동 외에도 국가

정책, 국민소득, 금리, 인플레이션 같은 여러 사회적·경제적·정치적 요인의 복합 상호작용에 의해 국제 투자자들이 미국 부동산 시장의 수요로 더해지거나 빠짐으로써 궁극적으로는 미국 부동산 가격에 영향을 미친다는 사실을 알 수 있다.

평균 가격 vs 중간 가격
미국 조지아 주 애틀랜타 부동산

2024년의 미국 부동산은 2023년의 리셋되는 시장에서 정상화로 이어지는, 커다란 전환점을 맞이하는 해가 될 것이다. 국제 투자자들 역시 정상화로 이어지는 미국 부동산 시장에서 서서히 워밍업을 하리라 전망해 본다.

> **용어 설명**
>
> **평균 가격 vs 중간 가격**
>
> 평균 가격average price은 비교 대상의 전체 가격을 전부 더해서 나온 숫자에서 전체 비교 대상 수를 나누기한 값이다. 이를테면 비교 대상의 집이 5개 있을 때, 5개의 집이 팔린 가격을 전부 더한 금액에서 나누기 5를 해서 나온 숫자다. 5개의 비교 대상 집이 각각 290,000달러, 302,000달러,

307,000달러, 365,000달러, 390,000달러에 팔렸다고 하자. 이 모두를 더한 금액은 1,654,000달러다. 1,654,000달러에서 나누기 5를 하면, 330,800달러가 된다. 그래서 평균 가격은 330,800달러다.

중간 가격median price은 팔린 비교 대상 전체 집들 중에서 가장 중간 지점에 있는 가격을 말한다. 이를테면 앞에서 언급한 5개 비교 대상 집에서 중간 가격은 가장 낮은 2개의 가격과 가장 높은 2개의 가격을 제외한 세 번째 있는 가격이 된다. 즉 307,000달러가 중간 가격이다.

이 두 가지 기준으로 똑같은 5개 비교 대상 물건의 평균 가격과 중간 가격을 계산해 보면 다르다. 평균 가격은 비교 대상의 물건들을 너무 낮은 가격에 팔린 집과 너무 높은 가격에 팔린 집을 같이 포함하여 계산함으로써 어느 비교 대상을 택하느냐에 따라 차이가 크다. 그래서 평균 가격은 부동산 시장에서 가격 측정을 하거나 현재 부동산 시장을 평가하는 기준으로 사용하기에는 부적절한 경우가 많다. 따라서 부동산 시장을 설명하거나 부동산 가격을 비교할 때는 주로 중간 가격을 기준으로 삼는다. 부동산 매물의 가격을 산정할 때 평균 가격을 기준으로 산정하면 대부분 비싸게 산정되기 때문이다.

제4장

2024년 미국 부동산 시장 핫 포인트

2024

지역별
핫 포인트

앞에서 설명했듯이, 팬데믹 이후 미국 내 인구가 도심에서 도심 외곽 지역으로, 1선 도시에서 2선 도시로 빠르게 유입되었다. 이는 각 지역별 부동산 시장과 가격에 상당한 영향을 미쳤다. 부동산은 부동의 자산이라 움직이지 않는다. 그러나 사람들의 움직임에 따라 지역별로 부동산 시장의 수요가 변화하고, 궁극적으로는 부동산의 가격이 변화한다. 누구도 미래를 정확하게 맞출 수는 없다. 다만 팬데믹 발발 이후 몇 년 동안의 미국 부동산 트렌드와 부동산 관련 데이터를 활용하여 지역별로 미국 부동산 시장을 전망해 볼 수는 있다.

지금부터 미국 내 인구 흐름과 변화에 따른 2024년 미국 내 지역별 핫 포인트를 짚어 보려고 한다.

➡ 자연적 인구 증가와 국내 인구 유입이 많은 지역에 주목하라.

미국 인구조사국에서 제공한 아래 그래프를 보면 미국 상위 10대 수도권 통계 지역Metropolitan Statistical Area, MSA에서 지난 10년간 인구가 얼마나 증가했는지를 알 수 있다. 그래프에 파란색으로 표시된 부분은 자연적 인구 증가를 나타낸다. 자연적 인구 증가는 출생한 인구수에서 사망한 인구수를 뺀 값으로 계산하는데, 출생 인구수가 사망 인구수보다 많으면 자연적 인구가 증가했다고 본다. 이때 내국인, 외국인 유입으로 인한 증가는 제외한다. 보라색으로 표시

♦ 미국 상위 10대 수도권 통계 지역 인구 변화 구성 요소

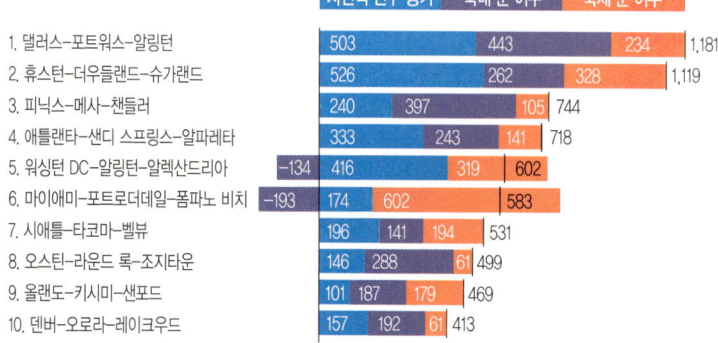

출처: 미국 인구조사국

한 부분은 국내 이주를 통한 순 이주의 수를 나타내고, 빨간색으로 표시한 부분은 국제 이주를 통한 순 이주의 수를 나타낸다.

그래프를 보면 지난 10년 동안 인구가 많이 증가한 상위 10대 미국 수도권 통계 지역은 댈러스, 휴스턴, 피닉스, 애틀랜타 등이다. 이 지역들의 인구 증가는 순 이주에 의해 주도되고 있다. 특히 눈여겨봐야 할 곳은 댈러스, 휴스턴, 애틀랜타다. 세 도시의 특징은 (순 이주에 의한 인구 증가도 많지만) 자연적 인구 증가가 다른 도시들에 비해 월등하게 많았다는 점이다. 젊은 층이 많이 살고 있다는 뜻인데, 기술 기업 유치로 강력한 고용 시장이 형성되었고 이에 따라 일자리가 증가한 결과라 볼 수 있다. 무엇보다 많은 인구를 끌어당기는 잠재적 가능성이 높음을 의미한다.

한편, 마이애미를 포함한 수도권 통계 지역 대부분이 국제 이주에 의한 인구 증가가 많았다. 국내 이주로 봤을 때는 오히려 인구가 지역 외부로 유출되었다. 워싱턴 DC, 버지니아, 매릴랜드, 웨스트 버지니아의 대도시들도 마찬가지로 인구의 국내 유출이 있었다.

여기서 우리는 플로리다 주에서 주지사의 승인을 받아 일부 외국인에 대해 플로리다 주에 있는 부동산 구매를 제한하는 법령이 발효되었다는 데 주목해야 한다. 2023년 7월 1일에 발효된 이 법은 중국, 러시아, 이란, 북한, 쿠바, 베네수엘라, 시리아와 관련된 특정 개인 및 단체가 플로리다 주에서 부동산을 소유하는 것을 제한한다는 내용을 담고 있다.

　미국 부동산을 가장 많이 구입하는 외국인은 중국인이다. 또한 중국인을 포함한 외국인들이 미국 부동산 구입을 제일 많이 하는 지역이 바로 플로리다 주다. 그래프가 보여 주듯 (마이애미를 포함하여) 플로리다 주는 국제 이주가 가장 많은 지역이다.

　여기 더해 팬데믹 이후로 경제성과 안전성을 이유로 미국의 주 경계선을 넘는 국내 이주가 많아지면서, 미국에서는 인구의 유입과 유출 지역의 변화가 더욱 빨라졌다. 외국인들의 미국 부동산 구입이 많은 지역에서는 국제 이주로 인한 인구가 많이 늘었다.

　하지만 미국 우정청US Postal Service에 따르면, 2022년 이후 미국 내 이사 수는 감소했다. 미국 전국 약 70% 지역에서 2022년에 인바운드inbound 이동이 적었으며, 2024년까지 계속될 것으로 예상된다. 미국 내 이사 수 감소 추세는 나이든 미국인만이 아니라 밀레니얼 세대에서도 발생하고 있다. 이유 중 하나는 높은 모기지 금리인데, 이사를 미루는 '락인 효과'가 지속 중이기 때문이다. 국내 이주와 국제 이주에 의한 순 이주로 인한 인구 증가는 장기적으로 이루어지는 반면에, 자연적 인구 증가는 단기적으로 인구 증가를 주도하는 경향이 있다. 미국 부동산 구입을 계획 중인 구매자 또는 투자자라면 (경제적·사회적 요인의 변화를 감안하더라도) 자연적 인구 증가가 지속적이면서 국내 이주가 지속적으로 진행되는 지역에 주목해야 한다.

➡ 미국 선벨트 지역을 주목하라.

2022년 이후로 높은 모기지 금리, 집값 상승으로 계속하여 주택 구입 비용이 증가하면서 미국 내 주택 소유자 수가 감소하고 있다. 2024년에도 경제성을 고려한 이주는 지속될 것이다. 사람들은 도심에서 도심 외곽 지역으로, 북부에서 남부 대도시로 옮겨 갈 것으로 보인다. 플로리다 주, 텍사스 주, 캐롤라이나 주, 조지아 주는 2022년 이후 국내 이주로 인한 미국 내 인구가 많이 증가한 지역들이다. 반대로 캘리포니아 주, 뉴욕 주, 일리노이 주는 국내 이주로 인한 인구의 외부 유출로 인구가 감소했다. 그럼에도 캘리포니아 주는 여전히 미국에서 가장 인구가 많은 주다.

인구 유입 지역의 공통점은 무엇일까? 먼저 선벨트 지역이라는 점, 그리고 팬데믹 이후 강력한 고용 시장을 구축했다는 점을 들 수 있다. 선벨트 지역은 미국 남부, 북위 약 36도 이남의 일조량이 강하고 따뜻한 지역이다. 조지아, 텍사스, 플로리다 주 등이 여기 포함된다. 인바운드 이동률이 가장 높은 상위 10개 지역 중 인구 유입이 많은 지역은 팬데믹 초기에 손실된 모든 일자리를 회복했을 뿐더러 오히려 팬데믹 이전보다 일자리가 더 많아졌다. 또 전국 평균과 비교했을 때, 이들 지역에서의 팬데믹 이후 고용 시장 회복 속도는 전국 평균보다 두 배 이상 빨랐다.

반면 뉴욕, 샌프란시스코, 시카고 같은 대도시에서는 계속해서

◆ 2021-2022년 미국 내 순 이주(명) 및 인구 변화율(%)

주	미국 내 순 이주	인구 변화율	주	미국 내 순 이주	인구 변화율
플로리다	318,855	1.9	콜롬비아 특별구	-3,647	0.5
텍사스	230,961	1.6	네브라스카	-4,270	0.2
노스 캐롤라이나	99,796	1.3	뉴멕시코	-4,504	-0.2
사우스 캐롤라이나	84,030	1.7	로드아일랜드	-5,196	-0.3
테네시	81,646	1.2	미시시피	-5,716	-0.3
조지아	81,406	1.2	알래스카	-6,126	-0.1
애리조나	70,984	1.3	아이오와	-7,292	0.1
아이다호	28,639	1.8	캔자스	-7,409	0.0
앨라배마	28,609	0.5	미시간	-8,482	0.0
오클라호마	26,791	0.7	오하이오	-9,165	-0.1
네바다	20,781	1.0	코네티컷	-13,547	0.1
아칸소	18,209	0.6	하와이	-15,212	-0.5
몬타나	16,003	1.5	오리건	-17,331	-0.4
유타	12,898	1.2	미네소타	-19,400	0.1
델라웨어	11,826	1.4	버지니아	-23,952	0.3
메인	11,600	0.6	펜실베이니아	-39,957	-0.3
켄터키	10,420	0.1	메릴랜드	-45,101	-0.2
사우스 다코타	8,424	1.5	루이지애나	-46,672	-0.8
위스콘신	7,657	0.2	매사추세츠	-57,292	-0.1
뉴햄프셔	6,303	0.6	뉴저지	-64,231	-0.1
콜로라도	5,376	0.5	일리노이	-141,656	-0.8
인디애나	5,230	0.3	뉴욕	-299,557	-0.9
미주리	5,024	0.1	캘리포니아	-343,230	-0.3
와이오밍	2,152	0.3			
버몬트	1,141	0.0			
웨스트 버지니아	474	-0.6			
노스 다코타	-2,710	0.2			
워싱턴	-3,580	0.6			

출처: 미국 인구조사국

인구가 유출되었다. 흥미로운 점은 팬데믹이 종료되면서 다시 사무실 출근이 늘어 사람들이 원래 살던 지역으로 되돌아가고 있음에도 이들 지역에서 여전히 아웃바운드 인구가 인바운드 인구를 초과한다는 점이다. 거대 도시일수록 고밀도, 고물가 현상이 심해 사람들이 인구 밀도가 낮고 생활비가 적게 드는 지역으로 더 많이

◆ 2019, 2021, 2022년 미국 내 대도시 인구 유입률(%)

	2022년	2021년	2019년
보스턴-케임브리지-퀸시, 매사추세츠-뉴햄프셔 MSA	50.1	50.0	58.0
시카고-네이퍼빌-졸리엣, 일리노이-인디애나-위스콘신 MSA	49.5	50.4	56.7
로스앤젤레스-롱비치-샌타애나, 캘리포니아 MSA	51.5	52.3	67.4
뉴욕-노던 뉴저지-롱아일랜드, 뉴욕 MSA	49.4	49.1	59.5
샌프란시스코-오클랜드-프리몬트, 캘리포니아 MSA	49.5	49.5	54.0
산호세-서니베일-산타클라라, 캘리포니아 MSA	51.0	50.1	55.0
워싱턴 DC-알링턴-알렉산드리아, 워싱턴 DC-버지니아-메릴랜드-웨스트 버지니아 MSA	53.4	54.3	63.3

출처: 미국 우정청

이주하는 것이다. 하지만 로스앤젤레스, 산호세, 워싱턴 DC는 인구가 소폭 증가했다.

  미국인들이 저물가 지역으로의 이주를 결정하는 주된 이유는 미국의 주택이 너무 비싸기 때문이다. 팬데믹으로 라이프 스타일이 변하면서 구매자의 선호도도 바뀌었다. 선벨트 지역에 대량의 인구가 유입된 것처럼, 앞으로도 이러한 요인들이 미국의 인구 통계에 계속 영향을 줄 것으로 보인다.

02
유형별
핫 포인트

2023년에는 인플레이션, 금리 인상, 공급 부족, 노동력 부족, 에너지 위기 등이 미국 부동산 시장에 혼란을 초래했다. 또한 경제 불안정은 2023년 미국 상업용 부동산이 변화를 맞이하는 주요 요인이 되었다. 이에 미국의 대출 은행들은 팬데믹 시기보다 엄격한 대출 심사를 진행하고 있지만 대출 규제 강화는 안정성을 높이는 대신 기업이 자본을 조달하고 발전하는 데는 큰 어려움으로 작용한다.

이와 같은 상황에서 기업들은 다양한 전략을 수립하여 위기를 탈출하고자 고군분투하고 있다. 일부는 부동산 면적을 크게 축소했고, 어떤 기업들은 새로운 기회를 포착하려고 노력하는 중이다.

분명한 것은 지금은 변화가 필요한 때라는 점이다. 팬데믹 위기가 닥쳤을 때도 부동산 전략을 재고하고 새로운 접근 방식을 신속하게 적용한 기업들은 위기를 기회로 삼아 전진할 수 있었다.

격변의 시기를 겪고 있는 미국 부동산, 2024년 미국 부동산 유형별 핫 포인트를 보자.

➡ 오피스는 등급에 따른 가치 격차가 커질 것이다. 공간보다 등급에 주목하라.

근로자의 근무 방식이 다양화되는 과정에서 물리적 공간의 가치가 재고되고 있다. 기업들은 최고의 인재를 유치 및 유지하고 생산성을 향상시키고자 넓지만 낡은 오피스보다는 크기는 작아도 A등급 또는 A+등급을 받는 프리미엄 오피스를 선호하기 시작했다. 팬데믹 이후 대부분의 기업이 오피스 공간을 20-30% 정도 축소했고, 일부 기업은 50% 이상 축소했다. 우버, 인텔, 메타 및 수십 개 기업이 오피스 공간을 줄였다. 이들은 오피스 공간을 축소하여 절감한 비용으로 유연하고 편의 시설이 풍부한 직장을 만드는 데 주력하고 있다. 핫 데스킹 hot desking 및 공유·공동 작업 공간 같은 다목적 작업 공간을 통합하는 것 외에도 피트니스 센터, 식사 옵션 등의 편의 시설을 제공한다.

핫 데스킹.

　기업들이 사무 공간의 크기보다는 최신, 고품질 사무 공간을 선호하는 추세로 전환되면서 프리미엄 오피스의 가치는 더욱 상승할 것으로 예상된다. 시설이 낙후된 B나 C 등급의 오피스가 빨리 효율적인 전환점을 찾지 못한다면 등급 간의 가격 격차는 더욱 커질 수밖에 없다.
　오피스 소유자나 투자자는 새로운 근무 방식을 인정하고 대안을 모색해야 한다. 공실 많은 낙후된 오피스를 어떻게 바꿀지에 대한 현실적인 고민이 필요한 때다.

A등급 오피스 외관.

➡ 오피스의 용도 변경 및 복합 용도 개발이 활발해질 것이다. 주상복합 건물에 주목하라.

오피스를 주거, 소매 또는 레저와 오피스 공간을 결합하는 복합 용도로 전환하는 '오피스 용도 변경'이 활발해지는 추세다. 건물 활용도를 극대화함으로써 지역 사회 발전에 기여할 수도 있다. 현재 미국은 주거용 주택이 부족한 상황이다. 따라서 공실 많은 오피스를 주거용 부동산으로 전환한다면 공실 문제도 해결하고, 주택 부족 상황도 완화시킬 수 있다. 이미 뉴욕, 애틀랜타, 시카고, 필라델피아 등의 대도시에서 진행되었다. 이들 도시들은 임대 주

애틀랜타에 있는 41층 랜드마크 오피스 타워. 안드레 디킨스(Andre Dickens) 애틀랜타 시장은 조지아 주와 협력하여 이 오피스 타워를 임대 주택으로 전환한다는 결정을 내렸다. 이 건물은 중앙 대중교통 허브 건너편에 있는, 도시에서 가장 오래된 블록 중 하나를 차지하고 있다.

택이 절실히 필요한 상황임을 절감하고 전용 adaptive reuse(재사용)을 결정했다. 기존 건물의 효용이 한계에 이르렀을 때 새로운 용도로 사용하는 방식이다. 덕분에 오피스는 임대 주택으로 다시 태어났고, 저소득층에게 합리적인 가격으로 임대되었다. 공실 많은 오피스의 미래에 대한 논의는 계속 진행 중이다. 부동산 전문가들과 기업인들의 창의적인 해결 방안이 계속 보태져야 한다.

➡ 도심의 유동 인구는 줄고 도심 외곽 지역의 유동 인구는 늘어남에 따라 도심 외곽 지역의 소매점이 바빠지고 있다. 네이버후드

센터나 커뮤니티 센터에 주목하라.

높은 금리, 공급망 붕괴, 온라인 유통 채널로 상점당 평균 임대 규모는 더욱 감소할 것으로 예상된다. 이에 대부분의 소매업체는 공간은 줄이고 공간의 품질에 중점을 두는 전략을 모색 중이다. 단순히 제품을 판매하는 것에서, 소비자를 위한 매력적인 경험을 창출하는 것으로의 변화를 시도하고 있다. 여기에는 고객 참여를 강화하고 브랜드 충성도를 높이는 대화형 매장, 픽업 매장이 포함되며 엔터테인먼트 이벤트, 포토존 등의 서비스를 제공하기도 한다.

명품 소매점은 어떨까? 소비자들이 매장에 더 오래 머무르고, 브랜드와의 관계를 심화시킬 수 있도록 매장에 다른 활동을 적용시키고 있다. 가령 미술 전시회를 열고, 정기적으로 콘서트 및 기타 활동을 개최하고, 식사 옵션, 오락 시설, 공공녹지 공간 등을 추가함으로써 소비자들을 매장에 불러들인다.

온라인 쇼핑이 소비자의 소비 패턴을 변화시켰다. 따라서 오프라인 매장을 오픈하더라도 온라인과 오프라인 전략을 조화시켜야 한다. 온라인에서 구매하고 매장에서 픽업하는 옵션은 온라인과 오프라인 사이의 균형을 찾고, 오프라인 매장으로 더 많은 소비자들을 유치하는 방법 중 하나다. 현재 많은 브랜드에서 이 옵션을 제공한다. 기업은 소비자가 온라인, 오프라인, 모바일 등 다양한 경로를 넘나들며 상품을 구매할 수 있게 해 주는 마케팅 옴니 채

지역 쇼핑몰(regional center)에 오랫동안 뿌리 내린 배스앤바디웍스(Bath&Body Works)는 2023년 약 50개 매장을 폐쇄했다. 그러나 약 90개의 '새로운 오프라인 매장'을 개장하는 등, 총 115개 프로젝트를 계획 중이다. 소매점의 트렌드를 잘 반영하는 사례라고 할 수 있다.

지역 쇼핑몰을 한국인들에게 익숙한 유형으로 바꾸자면 '대형 백화점'이 될 것이다. 총 매장 면적은 40~80만 제곱피트 정도로, 평수로는 1만 1,240~2만 2,480평이다. 미국에서는 전자 상거래가 활발해지면서 여러 지역 쇼핑몰이 문을 닫고 있다. 앵커 테넌트(핵심 점포)도 공실이 늘어나고 있어 변경이 절실한 때다.

널 유통을 위해 매장, 창고, 픽업, 반품 또는 배송 센터의 균형을 재고해야 한다.

원격, 재택 근무의 보편화로 소비자들이 자신의 거주지와 가까운 도심 외곽 지역 매장을 선호한다는 데 주목해야 한다. 여러 매장이 도심을 떠나는 가운데, 주거 밀집 지역 인근 쇼핑센터에 대한 관심은 지속적으로 높아지고 있다. 지역 기반의 네이버후드 센터neighborhood center와 커뮤니티 센터community center는 2023년에 상업용 부동산 중 최고의 투자 유형으로 추천되었다. 이들의 인기는 2024년에도 지속될 것으로 보인다.

네이버후드 센터. 제일 일반적인 유형으로, 1개 앵커가 위치한 일자형 쇼핑센터다.

커뮤니티 센터. 2개 앵커가 있으며 다양한 소매점이 있다. 쇼핑센터 중 모양과 크기가 가장 다양하다.

> 높은 주택 구입비로 임차인 수는 지속적으로 증가할 것이다. 주거용 임대 부동산에 주목하라.

다세대 임대 부동산에 대한 수요는 꾸준히 증가하고 있다. 2019년 이후 대부분의 미국 임대 시장에서 임대료 성장률은 20%를 넘었다. 주택 공급 부족으로 여전히 공급보다 수요가 많은 상황을 해결하고자, 지방과 연방 정부는 적극적으로 방법을 찾을 것이다. 하지만 높아진 건설비와 개발 자금 조달에 따른 어려움으로 미국 다수의 지역에서 저렴한 가격의 신규 주택을 공급하기란 여전히 요원하다. 2024년에 미국 주택 건설 시장은 회복될 것으로 예상됨에도 주택 구입에 대한 공급과 수요의 불일치로 다세대 주

빌드 투 렌트. 건설사가 신규 주택을 지어 분양하지 않고 직접 임대하는 신규 주택 단지다.

임대용 아파트.

택 임대는 계속 인기가 높을 것이다. 주택 구매 대기자(예비 주택 구매자)들이 주택 구매 기회를 기다리며 여전히 임대 주택에 거주함에 따라 다세대 임대 부동산에 대한 수요는 계속 강세를 보일 전망이다.

➡ 노인 인구가 빠르게 증가하고 있다. 시니어 하우스에 주목하라.

전 세계적으로 노인 인구가 빠르게 증가 중이다. 2015-2050년에 전 세계 60세 이상 인구 비율이 12%에서 22%로 거의 두 배 가까이 증가할 것으로 예상된다. 2030년에는 6명 중 1명이 60세 이상이 된다고 한다.

시니어 하우징senior housing 수익은 향후 5년 동안 6.5% 이상 성장할 것으로 예상된다. 다만 운영 비용 증가와 인력 부족으로 순수익은 낮아질 수도 있다. 시니어 하우스에 더 많은 옵션을 추가하고, 활동적인 성인 커뮤니티나 초호화 은퇴 시설 같은 다양한 서비스를 제공한다면 장기적으로 이익을 얻을 것이다.

시니어 하우스. 고령층을 위한 주택 단지.

2023년 미국 부동산, 틈새시장을 노려라

기대되는 미국 부동산 투자 핫 플레이스

2024년에 예상되는 미국 부동산 시장의 변화와, 미국 부동산 투자의 지역별·유형별 핫 포인트를 살펴봤다. 이를 통해 2024년 미국 부동산 시장에서 기대되는 핫 플레이스가 어디인지를 가늠해 볼 수 있다. 각 투자자마다 의견에 차이가 있고 투자 결정도 다르겠지만 생생한 시장의 동향을 파악하고, 데이터를 중심으로 투자를 결정한다면 적중률을 높일 수 있다.

이제부터 현재 미국 부동산 시장의 동향과 데이터를 기반으로 한 2024년에 기대해 볼 만한 미국 부동산 투자 핫 플레이스를 알아보고자 한다. 그에 앞서 2023년 핫 플레이스를 살펴보겠다. 나아가 현재를 기준으로 한 고용 시장, 인구 증가, 구매하기 합리적인 가격, 임대하기 좋은 지역을 짚어 보자.

(1) 미국 부동산중개인협회가 발표한 2023년 핫 플레이스

2023년에 미국 부동산중개인협회는 애틀랜타를 2023년 성장 잠재력이 가장 높은 미국 주택 시장으로 발표했다. '남부의 뉴욕'으로 불리는 애틀랜타는 주택 가격이 저렴하고, 인구가 다른 지역들보다 빠르게 증가하고 있다. 또한 임차인은 전국 평균보다 높은 중간 가격의 주택을 구입할 수 있는 경제적 여유를 갖추었다. 여기에 애플, 마이크로소프트, 비자 같은 기업들이 서부 해안에서 애틀랜타로 이전하고 있어 탄탄하고 성장 가능성이 높은 고용 시장을 가졌다고 볼 수 있다.

미국 부동산중개인협회는 전국적인 주택 시장 침체에도 미국 남부 지역은 2023년에 주택 매매 호황 지역이 될 것으로 예상했다. 주택 수요는 여전히 공급을 초과하며, 미국 상위 10개 시장(모두 남부에 위치한다)의 경제는 2023년에 이 지역들의 주택 가격이 최소 5% 이상 오를 수 있는 원동력이 되리라 예상했다. 또 주택 가격의 경제성, 중간 가격의 주택을 구입할 여유가 있는 임차인 수, 일자리 성장, 이주 및 인구 증가, 주택 재고 증가, 다른 지역보다

덜 심각한 주택 부족 등과 같은 요인을 고려하여 조지아 주의 애틀랜타-샌디 스프링스-마리에타, 노스 캐롤라이나 주의 롤리, 텍사스 주의 댈러스-포트워스-알링턴, 미주리 주의 페이엣빌-스프링데일-로저스-아칸소, 사우스 캐롤라이나 주의 그린빌-앤더슨-몰딘-찰스턴-노스 찰스턴, 앨라배마 주의 헌츠빌을 2023년에 주목할 만한 지역으로 발표했다.

미국 조지아 주 애틀랜타,
2023 주목해야 할 최고의 부동산 시장 선정

(2) 2023년 실업률을 통한 고용 시장 분석

2023년 9월 18일에 업데이트된 미국 노동통계국 자료를 보면 미국 전체 실업률은 3.8%로, 좋은 고용 지표를 보여 준다. 평균보다 실업률이 낮은 지역으로는 메릴랜드 주 1.7%, 앨라배마 주 2.1%, 버지니아 주 2.5%, 매사추세츠 주 2.6%, 플로리다 주 2.7%, 미주리 주 2.8%, 아이다호 주 3%, 사우스 캐롤라이나 주 3%, 콜로라도 주 3.1%, 테네시 주 3.1%, 조지아 주 3.3%, 노스 캐롤라이

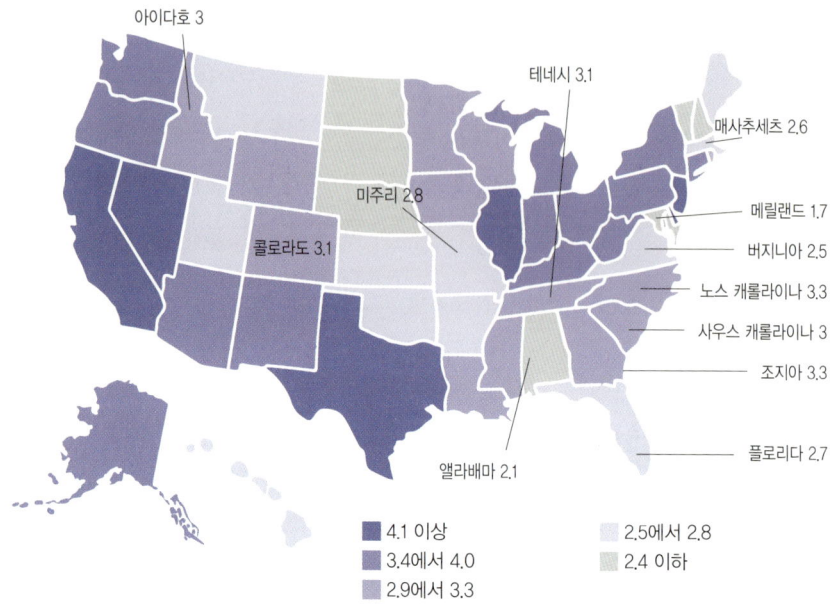

나 주 3.3% 등이 있다.

미국 부동산중개인협회에서 발표한 2023년 미국 부동산 핫 플레이스 명단을 미국 전국 실업률과 비교해 보자. 텍사스 주의 실업률은 4.1%로, 미국 전체 실업률인 3.8%보다 높다. 2023년 미국 부동산 핫 플레이스 명단 중 나머지 지역들은 미국 전체 실업률보다 낮은 수치를 나타내고 있다.

(3) 2023년 인구가 가장 빨리 증가한 지역 분석

미국 인구조사국은 2020년을 기준으로 미국 인구를 약 3억 2,900만 명으로 추산했다. 미국 인구는 적어도 향후 수십 년 동안 계속 증가할 것으로 예상된다. 그러나 미국 전체 주에서 인구 증가 경향이 균일하지는 않다. 일부 주에서는 인구가 크게 증가한 반면 다른 주에서는 인구가 감소했다. 미국 인구조사국의 데이터에 따르면 남부와 서부 지역 전체에서 인구가 가장 많이 증가했다. 이들 지역의 모든 주가 성장을 보인 것은 아니다.

♦ 2022년 미국 주별 인구 성장률(%)

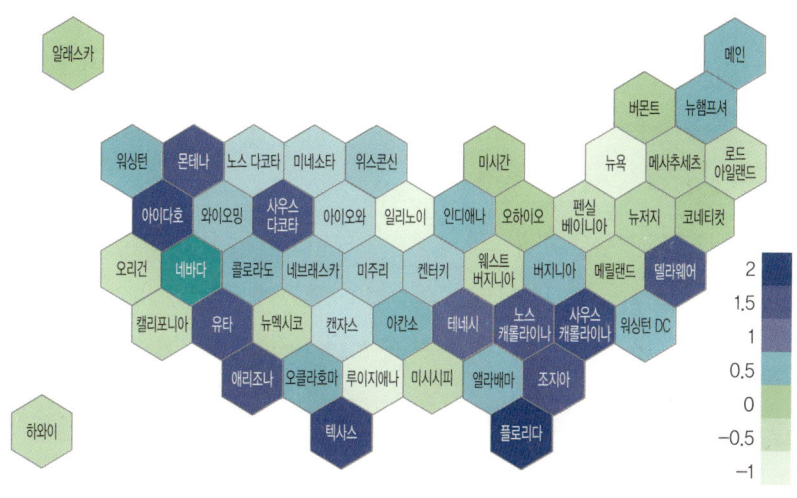

출처: 미국 인구조사국

캘리포니아 주, 코네티컷 주, 하와이 주, 웨스트 버지니아 주, 일리노이 주 등 16개 주에서는 인구가 감소했다. 미국 내에서 인구가 증가한 주는 플로리다 주, 아이다호 주, 사우스 캐롤라이나 주, 텍사스 주, 애리조나 주, 노스 캐롤라이나 주, 테네시 주, 조지아 주 등이 있다. 이들은 주로 미국 선벨트 지역에 있다.

(4) ZHVI 데이터 기준, 주택 구입에 합당한 가격을 가진 지역 분석

질로우의 ZHVI(질로우 주택 가치 지수) 데이터를 통해 미국의 일반 주택 가격을 기준으로 실제적으로 주택을 구입할 수 있는 합당한 가격을 가진 지역들이 나타났다. 단, 이것은 미국의 주택 중간 가격을 기준으로 한 수치가 아니라 일반적인 주택 가격을 나타내는 수치다.

ZHVI 데이터를 기준으로 2023년 8월 말 미국의 일반적인 주택 가격은 35만 113달러였다. 연방준비은행은 주택 판매 가격에 대한 데이터만 제공하며, 주 정부 수준의 데이터는 포함하지 않는다. 그러나 ZHVI는 이 데이터를 제공한다.

색이 진할수록 미국의 일반 주택 가격보다 주택 가격이 높은 주다. 위의 지도를 기준으로 보면 조지아 주의 일반 주택 가격은 32

◆ 2023년 미국 주별 일반 주택 가격(달러)

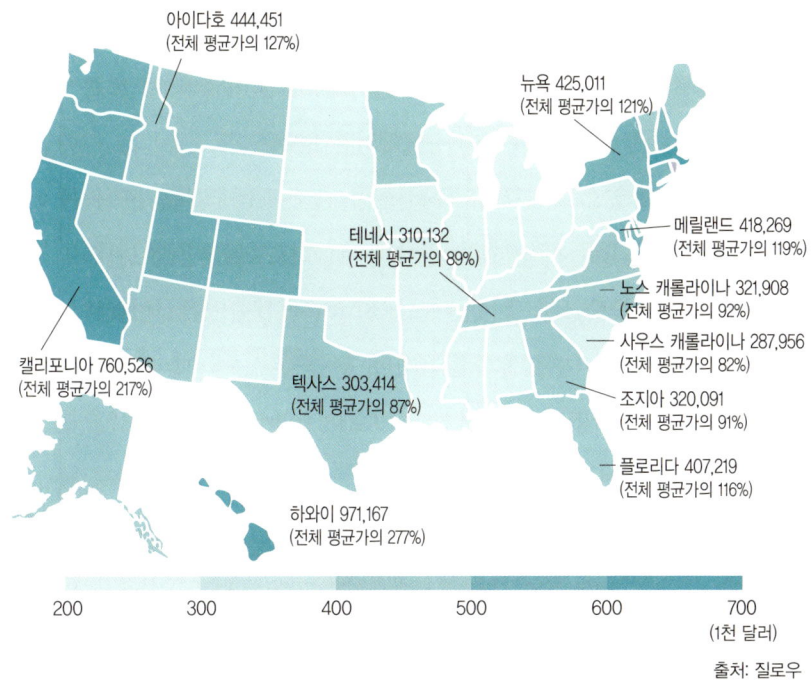

출처: 질로우

만 91달러로, 미국의 일반 주택 가격의 91%다. 노스 캐롤라이나 주는 32만 1,908달러로, 미국의 일반 주택 가격의 92%다. 테네시 주는 31만 132달러로, 미국의 일반 주택 가격의 89%다. 플로리다 주는 40만 7,219달러로, 미국의 일반 주택 가격의 116%다. 사우스 캐롤라이나 주는 28만 7,956달러로, 미국의 일반 주택 가격의 82%다. 텍사스 주는 30만 3,414달러로, 미국의 일반 주택 가격의

87%다. 아이다호 주는 44만 4,451달러로, 미국의 일반 주택 가격의 127%다. 메릴랜드 주는 41만 8,269달러로, 미국의 일반 주택 가격의 119%다. 뉴욕 주는 42만 5,011달러로, 미국의 일반 주택 가격의 121%다. 캘리포니아 주는 76만 526달러로, 미국의 일반 주택 가격의 217%다. 그리고 하와이는 97만 1,167달러로, 미국의 일반 주택 가격의 277%다.

이 자료를 통해 우리는 조지아 주, 노스 캐롤라이나 주, 테네시 주, 플로리다 주, 사우스 캐롤라이나 주, 텍사스 주 등의 일반 주택 가격이 미국의 일반 주택 가격보다 저렴하다는 것을 알 수 있다. 즉, 이들은 주택을 구입할 수 있는 합당한 가격대를 가지고 있다. 결론적으로 (주택 구입 비용이 증가한 상황에서) 주택을 구입할 수 있는 기회가 많은 곳이다.

(5) 임대 부동산 투자에 적정한 지역(집 소유자에게 우호적인 주) 분석

미국은 주마다 임대 부동산에 관한 특정 규정이 다르다. 일부 주는 (다른 주보다) 집 소유자에게 보다 우호적이다. 임대 부동산 투자자 입장에서 매우 중요한 요소다. 임대 부동산에 대한 특정 규정은 임대료 제한, 보증 금액 제한, 퇴거 절차 및 세입자 보호 규

♦ 주택 소유자에게 우호적인 주

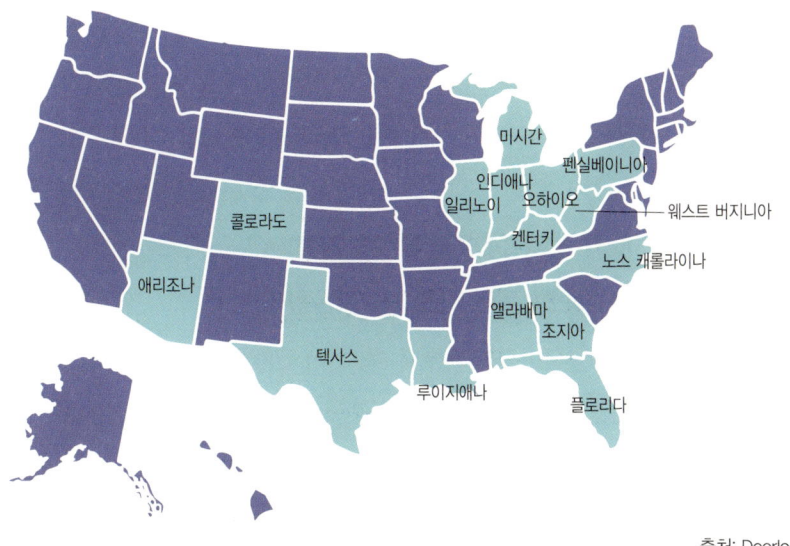

출처: Doorloop

정 등 다양하다. 이러한 특정 규정은 집 소유자를 우호하는 주인지 세입자를 우호하는 주인지에 따라 주마다 조금씩 다르다. 집 소유자에게 우호적인 주는 애리조나 주, 앨라배마 주, 조지아 주, 플로리다 주, 인디애나 주, 콜로라도 주, 일리노이 주, 텍사스 주, 노스 캐롤라이나 주, 켄터키 주, 루이지애나 주, 미시간 주, 오하이오 주, 펜실베이니아 주, 그리고 웨스트 버지니아 주다.

집 소유자에게 우호적인 주인지 아닌지가 미국 임대 부동산 투자를 결정하는 유일한 요소가 되어서는 안 된다. 하지만 이들 지역에 투자하면 많은 번거로움과 비용을 절약할 수 있다. 개인적으로, 잠재적인 구매자가 거의 없는 지역은 집 소유자에게 유리하더라도 절대 추천하지 않는다.

(6) 2024년 기대되는 미국 부동산 투자 핫 플레이스

2023년 미국 부동산 투자 핫 플레이스를 살펴보는 데서 그치지 않고, 현재 시점을 기준으로 한 고용 시장, 인구 증가, 부동산 구매에 합리적인 가격을 아는 방법, 임대 투자에 좋은 지역 등을 짚어 보았다. 사회적·경제적 변화는 모든 부동산 가격에 막대한 영향을 미친다. 따라서 내가 투자하려는 지역의 특성과 트렌드를 잘 파악해야 한다.

지금부터는 앞에서 본 데이터를 기준 삼아 2024년 미국 부동산 투자 핫 플레이스를 살펴보고자 한다.

1) 조지아 주-애틀랜타

조지아 주에 있는 애틀랜타는 최근 몇 년 동안 괄목할 만한 성장을 보여 주었다. 강력한 경제, 인구 증가, 저렴한 생활비, 다양하

애틀랜타 다운타운 전경.

고 합리적인 주택, 온화한 기후, 여러 문화, 그리고 좋은 투자 수익을 갖춘 애틀랜타는 미국에서 부동산 투자를 하기에 가장 좋은 지역 중 하나다.

다른 대도시에 비해 상대적으로 생활비가 저렴하여 투자자와 세입자 모두에게 매력적이며, 젊은 전문직 인구가 많아 합리적인 가격의 주택에 대한 수요가 많다. 또한 인구 증가로 주택 수요가 늘어나고 있어 강력한 부동산 시장을 형성하고 있다. 한마디로 투자 안전성과 수익성을 모두 갖춘 지역이다. 《포춘》이 선정한 500대 기업 중 18개 기업의 본사가 애틀랜타에 있다. 대표적으로 코카콜라, 델타 항공, 홈디포, CNN, UPS 등이다. 또 구글, 마이크로

애틀랜타에 본사를 둔 회사들. (시계방향으로)코카콜라, 델타 항공, 홈디포, CNN, UPS.

소프트, IBM을 비롯한 대형 기업들이 이곳에 진출해 있다. 여기 따른 일자리 증가로 애틀랜타로 이주하는 사람들이 많아지면서 주택 가격도 급등했다.

미국 남동부의 중심에 위치한 애틀랜타는 교통의 요충지이기도 하다. 항공, 도로, 철도를 통해 미국 전역으로 쉽게 접근할 수 있다. 하츠필드-잭슨 애틀랜타 국제공항은 세계에서 가장 바쁜 공항 중 하나다. 여러 글로벌 목적지로 향하는 항공편을 제공함으로

2026년에 캐나다·멕시코·미국 월드컵이 열릴 메르세데스 벤츠 스타디움.

써 북미는 물론이고 세계 곳곳으로 통하는 관문 역할을 담당한다.

조지아 주 동쪽에 위치한 사바나 지역 항만청인 GPA는 한국의 항구들과도 관계를 맺고 있다. 부산항까지 매주 6개의 운송 서비스를 제공한다. 이처럼 외국 기업들의 적극적인 투자와 일자리 증가에 의한 인구 증가로 빠른 경제 성장세를 보이고 있다. 조지아 주에 진출한 한국 기업으로는 SK 이노베이션, 현대, 기아, 한화큐셀, LG 화학 및 협력 업체 등 약 180여 개에 달한다. 조지아 주는 해외 기업들의 투자 유치를 위해 낮은 세금, 숙련된 노동력 제공 같은 파격적인 지원을 한다. 최근에는 기술, 물류, 과학, 건강 분야의 기업이 급속도로 늘어나고 있으며, 하루 평균 유입 인구는 약 500명이다.

2) 텍사스 주-댈러스, 휴스턴, 오스틴

　댈러스는 강력한 고용 시장, 저렴한 주택, 인구 증가, 친기업 환경으로 부동산 투자에 좋은 지역이다. 댈러스의 인구는 급속히 증가 중으로, 앞으로 10년간 150만 명이 늘어날 것이라고 한다. 무엇보다 강력하고 다각화된 경제를 보유하고 있으며, 《포춘》 선정 500대 기업 중 22개 기업의 본사가 위치한다. 대표적으로 AT&T, 아메리칸 항공, 엑손 모빌ExxonMobil 등이 있다.

　댈러스의 지속적인 인구 증가는 강력한 고용 시장과 결합되어 있기 때문에 주거용 및 상업용 부동산에 대한 수요 증가로 이어질 가능성이 높다. 최근 실업률이 조금 증가했지만 강력한 고용 시장과 인구 증가 추세를 감안할 때, 2024년에도 여전히 부동산 투자

댈러스에 본사를 둔 AT&T(왼쪽)와 아메리칸 항공(오른쪽).

휴스턴 전경.

에 적합하다고 보인다.

  휴스턴은 미국 석유 및 가스 산업의 본거지다. 그리고 지속적인 일자리를 창출하고 있는 도시이기도 하다. 강력한 에너지 부문, 의료 센터, 항공 우주 산업 등 다양하고 견고한 경제를 자랑한다. 《포춘》 선정 500대 기업 중 24개 기업의 본사가 휴스턴에 있다.
  휴스턴은 미국의 다른 지역들에 비해 인구가 거의 두 배나 빠른 속도로 증가 중인 데 반하여 상대적으로 저렴한 주택 가격을 형성한다. 투자자들에게는 장기적인 성장과 안정적인 부동산 투자 수익을 줄 수 있는 곳이다.

오스틴 전경.

    오스틴은 댈러스, 휴스턴보다는 작지만 주택 시장 규모는 크다. 경제 분야도 기술 산업 외에 의료, 교육, 관광 등으로 다양하다. 안정적인 고용 시장을 유지 중인 것도 장점이다. 오스틴은 매년 2.5%의 인구 증가율을 보이며, 빠르게 성장 중이다. 인구 증가로 주택 수요가 높아져 투자자들에게 주목받는 지역이 되었다. 또 인구 대비 임차인 비율이 높은 편이라 강력한 임대 시장을 갖추었는데, 높은 주택 비용으로 주택 구입에 부담을 느끼는 젊은 전문직 종사자와 대학생들의 유입이 지속될 것으로 보인다. 오스틴은 혁신 도시로도 잘 알려져 있는데, 새로운 기술과 산업 발전을 주도해 왔다. 한마디로 부동산 시장의 신흥 강자라고 할 수 있다.

텍사스 주에 진출한 한국 기업으로는 삼성전자, 주성 엔지니어링, 원익 IPS, 코미코, 두산, 현대, NC소프트, SK 등이 있다. 텍사스 주는 주 소득세가 없어 투자자들에게 더 매력적인 지역이다. 앞으로도 꾸준하게 수요가 증가할 수 있다.

3) 노스 캐롤라이나 주-샬럿

노스 캐롤라이나 주에서 가장 큰 도시인 샬럿은 다양한 경제, 활기찬 문화, 질 좋은 삶을 누릴 수 있는 지역이다. 미국 남동부에서 두 번째로 큰 도시로, 비즈니스와 교육과 엔터테인먼트의 중심지다. 기업에 부과하는 세금이 낮아 최근 10년 동안 2,300개 기업이 이 도시로 진출했다는 것을 통해서도 샬럿이 미국 최대의 교역지임을 알 수 있다. 뱅크오브아메리카, 듀크에너지Duke Energy, 로우스Lowe's 등 《포춘》 선정 500대 기

(위에서부터)뱅크오브아메리카, 듀크에너지, 로우스.

업 중 8개 기업의 본사가 있어 금융, 에너지, 소매의 중심지가 되었다. 부동산 투자 관점에서도 임차인과 주택 구매자 사이의 안정적인 기반을 형성한 매력적인 도시다.

또한 최고 수준의 공립 및 사립 학교들이 있으며 대학도 많아 학생 주택 수요가 높다. 샬럿의 세입자 및 주택 구매자들 중에는 고등 교육을 수료한 이들이 많다. 교통 면에서도 애틀랜타, 워싱턴 DC 같은 미국의 주요 도시들과 차로 이동할 수 있고, 도시 편의 시설도 풍부하다. 이런 이유로 부동산 투자자들에게 인기가 많다. 샬럿에 진출한 한국 기업으로는 효성 USA가 있다.

4) 플로리다 주 - 탬파

400만 명이 넘는 인구를 자랑하는 탬파는 매력적인 대도시일 뿐만이 아니라 방문객이 많이 찾는 관광 명소이기도 하다. 인구 증가, 견고한 경제, 저렴한 생활비, 번성하는 관광 산업, 해변 접근성 등의 다양한 이유로 부동산 투자 측면에서도 우수하다. 탬파는 기술, 의료, 금융 산업이 주가 되는 견고한 경제를 가졌다. 현재 적극적으로 새로운 기업을 유치하고 일자리를 창출하고 있어 주택 수요도 증가 중이다. 부시 가든, 플로리다 수족관을 포함한 관광지도 많아 임대 부동산에 투자하기에도 적절하다. 인구도 늘었지만 탬파로 이주하길 원하는 사람이 더 많아지고 있어 임대 부동

부시 가든(왼쪽)과 플로리다 수족관(오른쪽).

산과 주택 수요도 급증하고 있다. 따라서 탬파에서는 주거용과 상업용 부동산에 다양하게 투자할 수 있다. 플로리다 주는 주 소득세가 없어 투자자들에게도 유리하며, 전통적으로 외국인 부동산 투자자들이 선호하는 지역이다.

지금까지 생생한 미국 부동산 시장의 트렌드를 파악하고, 데이터를 중심으로 2024년 핫 플레이스가 될 도시들을 짚어 보았다. 핫 플레이스는 더 있겠지만 현재까지의 실제 트렌드를 바탕으로 한 고용 시장, 인구 증가, 구매에 합리적인 가격, 임대하기 좋은 지역 등을 기준으로 크게 네 지역의 핫 플레이스를 선정해 살펴보았다.

앞으로 이 지역들이 어떻게 성장할지 관심 있게 지켜보는 것만으로도 미국 부동산 시장의 미래를 내다볼 수 있을 것이다.

2024

01

Q 한국인도 미국에서 은행 대출을 받을 수 있나요?

A 미국의 금융 및 세금 제도는 투자와 소비 활성화를 기반으로 합니다. 여러 금융 상품이 존재하고 부동산 투자와 관련된 세금 인센티브도 다양합니다. 또 은행 자체 가이드라인을 기준으로 심사하여 대출을 실행하는 외국인 융자 대출 상품도 있는데요. 이러한 융자 대출을 'Non-QM loan^{Non-qualified mortgage loan}'이라고 부릅니다. 미국의 일반적인 적격 모기지 대출은 개인 신용, 개인 소득, 개인 자산을 기준으로 대출 심사를 진행하지만 Non-QM loan은 대출 희망자가 자신이 구매하려는 주택을 담보로 하여, 최대 주택 가격의 75%까지 대출이 가능합니다. 예를 들어 40만 달러짜리 주택을 구입한다면 10만 달러의 본인 자금과 30만 달러의 외국인 융자 대출을 활용하여 구입할 수 있습니다.

Q 한국의 투자자가 미국에 있는 부동산을 구입하여 임대업을 하는 경우, 임대 수입에 대한 세금이 궁금합니다. 취득세와 재산세는 어떻게 되나요?

A 미국에는 취득세도 없고, 종합부동산세도 없습니다. 보유세는 오직 재산세에만 부과됩니다. 재산세는 1년에 1번 부과되는데, 지방세로 분류되고 세율은 해당 부동산이 위치한 카운티에 따라 다릅니다. 재산세율은 미국의 50개 주별로 다르며, 같은 주라도 카운티에 따라 차이가 있을 수 있습니다. 주별 평균 재산세는 캘리포니아 주가 '0.7%', 조지아 주가 '0.87%', 뉴저지 주가 '2.13%'입니다. 가령 조지아 주를 카운티별로 구분하자면, 귀넷 카운티는 '1.19%', 풀턴 카운티는 '1%', 포사이스 카운티는 '0.77%'로 다릅니다. 부동산 구입 시 이 부분을 반드시 확인해야 합니다.

Q 외국인이 미국 부동산을 보유할 경우, 임대 소득에 대한 원천징수가 있다고 들었습니다. 어떻게 해야 미국인과 동일한 세금 혜택을 받을 수 있을까요?

A 외국인 신분으로 미국 부동산을 보유할 경우, 임대 소득에 대한 원천징수 30%가 적용됩니다. 이는 임대 소득의 총액을 기준으로 합니다. 그러나 납세자 번호를 받아 미국인처럼 세금 보고를 하면 원천징수 30%의 책임이 없어지기 때문에 미국인들과 똑같이 임대 소득에 대한 세금 공제를 받을 수 있습니다. 외국인 소득은 크게 FDAP(고정, 확정, 연간, 정기 소득)와 ECI(실질 연결 소득)로 분류됩니다. 이때 임대 소득을 실질 연결 소득으로 간주하는 경우에는 30% 적용을 받지 않습니다. 외국인 투자자가 미국 국세청 양식 W-8ECI를 작성하여 국세청에 임대 소득을 보고하면 됩니다.

Q 이미 미국에 임대용 부동산을 보유하고 있다면, 어떤 세금 공제를 받을 수 있을까요?

A 거주 목적의 주택을 보유하고 있다면 모기지 이자, 재산세, 본인 자금이 20% 미만일 경우 적용되는 모기지 보험, 모기지 대출 시 모기지 이자를 낮추기 위해 구입한 디스카운트 포인트 등에서 세금 공제를 받을 수 있습니다.

임대 목적의 주택을 보유하고 있다면 모기지 이자, 재산세, 수리비, 변호사비, 자산 관리 수수료, 주택소유자협회 수수료 등의 각종 지출과 건물의 감가상각에서 모두 세금 공제를 받을 수 있습니다.

이 중 가장 강력한 세금 공제는 건물의 감가상각입니다. 거주용 부동산은 27.5년, 상업용 부동산은 39년 동안 건물의 감가상각을 공제할 수 있습니다.

05

Q 미국에서는 양도소득세가 어떻게 적용되나요?

A 거주용 부동산이라면 최근 5년 동안 해당 부동산에 2년 이상 거주했을 경우, 1인 25만 달러, 부부 통합 50만 달러까지 세금 면제를 받을 수 있습니다. 임대용 부동산이라면 1년 안에 파는 경우, 단기 양도소득세의 적용을 받아 자신의 소득을 기준으로 최대 37%의 세금을 부과받습니다. 1년이 지나 파는 경우, 장기 양도소득세의 적용을 받아 자신의 소득을 기준으로 0%, 15%, 최대 20%의 세금을 낼 수 있습니다.

그러나 미국 국세청의 세금 인센티브인 '1031 Exchange(동종 자산 교환)'를 통해 양도소득세를 평생 연기할 수도 있습니다. 외국인 투자자가 부동산을 매각할 경우에는 외국인부동산투자세법FIRPTA의 적용을 받아 부동산 판매가의 최대 15%에 달하는 원천징수 의무가 있는데요. 여기에 예외가 있습니다. 첫째로 매수자가 30만 달러 이하의 집을 거주용으로 구매할 경우, 둘째로 미국 현지 법인일 경우, 셋째로 원천징수증명서

Withholding Certificate를 발급받는 경우에는 원천징수 책임이 없어집니다.

투자자가 자신이 보유한 미국 부동산에 대한 납세자 번호를 받아 미국 국세청에 세금을 보고하고, 원천징수금액이 양도소득세 최고액보다 높은 경우에는 원천징수증명서를 신청하여 발급받으면 됩니다. 미국 국세청 양식 8288-B를 작성하여 제출하면 원천징수증명서를 발급받을 수 있습니다. 이후에 1031 Exchange도 가능합니다.

Q 대한민국 사람도 쉽게 미국 부동산을 취득할 수 있나요?

A 한국인도 쉽게 미국 부동산을 취득할 수 있고, 미국에는 외국인과 내국인에 대한 특별한 차별도 없습니다. (미국에 있는) 임대 부동산과 여기 관련된 세금을 미국에서 보고할 경우, 한국인도 미국인과 동등한 세금 혜택을 받을 수 있습니다. 미국 영주권이나 시민권 역시 미국 부동산 취득 시에 필요하지 않습니다.

Q 한국 부동산과 비교할 때, 미국 부동산 투자의 매력은 무엇일까요?

A 한마디로 말하면 '현금 흐름의 무한한 가능성'입니다. 한국에서의 부동산 투자는 주로 가치 상승에 의한 자본 이익에 중점을 둡니다. 반면에 미국 부동산은 안정적인 자산 가치 상승과 더불어 현금 흐름이 좋다는 장점이 있습니다.

Q 한국에 거주 중인 투자자로서, 가장 망설여지는 게 관리 부분입니다.

A 미국의 기관이나 일반 투자자들이 자신이 거주하는 지역이 아닌 다른 지역에서 임대용 부동산에 투자할 때, 대개는 먼저 해당 지역에 있는 자산 관리 회사를 선임하고 조언을 받은 다음 부동산을 구입합니다. 부동산 투자는 지역 비즈니스라 해당 지역 전문가의 도움이 매우 유용합니다. 한국에 거주 중인 투자자들도 미국에 있는 부동산을 취득한 경험이 있다면, 거의 이 과정을 따를 겁니다. 부동산 전문 회사에는 자산 관리 팀이 있어서 자산 관리만 전문으로 다룹니다. 자산 관리 수수료는 월 임대료의 7-10% 내외가 보통이지만 대형 회사일 경우 이보다 저렴할 수 있습니다.

Q 어떤 자산이든 리스크가 있기 마련입니다. 부동산 유형별로 리스크를 알 수 있는 객관적인 기준이나 지표가 있을까요?

A 부동산은 유형마다 각각의 등급이 있습니다. 또 같은 유형의 부동산이라도 등급에 따라 위험과 기회가 다를 수 있습니다. 부동산 등급은 지리적·물리적 특성에 따라 매겨지기 때문에 위험 수준과 투자 수익에 차이가 있습니다. 이 등급은 해당 부동산의 연식, 위치, 임차인 소득 수준, 성장 전망, 편의시설, 임대 소득 등의 여러 요소가 조합되어 결정되고, 평가도 거의 상대적입니다. 따라서 정확한 공식은 없으나 대개는 ABC로 분류하고 A+와 D 등급이 추가되기도 합니다.

이를테면 A등급 부동산은 자본 환원율은 낮으나 자산 가치 상승 기대치가 좋을 수 있어 안정적입니다. 반면 C등급 부동산은 상대적으로 리스크가 크다고 간주되어 자본 환원율이 높은 경향이 있습니다. 즉, A등급일수록 리스크가 적고 안정적이라 가격이 높게 적용되며 B와 C 등급은 A등급에 비해 저렴합니다. 그러나 C등급이라도 투자자 입장에서는 부가가치를 높여 자산 가치를 늘릴 기회가 있습니다. 일반적으로 B와 C 등급은 A등급에 비해 리스크가 크다고 간주하여 높은 자본환원율을 요구하게 되므로 현금 흐름이 A등급에 비해 좋은 편입니다.

Q 부동산을 단독으로 구입할지 공동으로 구입할지 혹은 리츠 같은 금융 상품을 통해 간접 투자할지 고민입니다. 미국 부동산을 직접 투자할 경우 어떤 소유 형태가 좋을까요?

A 직접 투자의 경우 소유 형태를 먼저 결정하면 좋습니다. 부동산 소유 형태로는 개인 단독 소유, 파트너십, C코퍼레이션, S코퍼레이션, 유한책임회사LLC 등이 있는데요. 투자자의 상황에 맞춰 세금과 책임의 합리성을 따져 보고 결정하는 게 좋습니다. 한국 투자자가 미국에 투자할 때 대부분이 개인 단독 소유, C코퍼레이션, 유한책임회사의 형태를 가지는데요. 세금과 책임의 합리성을 고려하여, 주로 LLC 형태를 선호합니다.

Q 한국에는 '등기'라는 부동산 구입의 마지막 절차가 있는데, 미국은 어떤가요? 미국에도 등기가 있나요?

A 미국에도 한국에서 흔히 '집문서'라고 부르는 소유권 증서가 있습니다. 이 증서가 부동산이 위치한 카운티 사무소에 등기되고, 등기가 완료된 소유권 증서를 양수인인 매수자가 받고 수락하면 부동산 소유권이 완전히 귀속되었다고 간주합니다.

Q 우리나라에서는 부동산 투자라고 하면 대부분이 아파트를 떠올리는데, 미국은 어떤가요?

A 먼저 미국 부동산의 유형과 등급을 알 필요가 있습니다. 미국 부동산은 유형별·등급별로 리스크와 수익이 크게 다를 수 있습니다. 먼저 유형으로는 거주용, 상업용, 산업용, 토지로 구분할 수 있습니다. 안정성이 가장 높은 것은 거주용 부동산입니다. 하지만 최근에는 셀프 스토리지 같은 상업용 부동산이 크게 주목받고 있습니다. 산업용 부동산에서는 보관 및 유통 창고를 들 수 있습니다. 현재 미국은 임대 주택이 많이 부족합니다. 안정성을 우선시한다면 거주용 부동산에 투자하는 쪽을 추천합니다.

Q 미국 부동산에 투자하려고 합니다. 취득 절차를 간단하게 알려 주세요.

A 번호를 매겨 설명하겠습니다.

① 투자할 지역의 전문 부동산중개인을 선임합니다.
② 잔고증명서 또는 사전융자승인서를 준비합니다.
③ 매물을 선정합니다.
④ 오퍼를 진행합니다.
⑤ 오퍼를 수락받습니다.
⑥ 계약을 체결합니다.
⑦ 계약금을 송금합니다.
⑧ 주택을 점검 및 검사합니다.
⑨ 주택 검사 시 발견한 문제가 있다면 이에 대해 의논 및 합의합니다.
⑩ 조건부 계약에 최종 동의합니다.

⑪ 부동산 감정과 구매자 융자를 최종 승인받습니다.

⑫ 잔금을 송금합니다.

⑬ 클로징.

대략 이러한 절차로 진행됩니다.

Q 부동산 투자 시 부채가 투자 수익을 올리는 긴요한 수단이 될 수 있다고 들었습니다. 슬기로운 부채 활용안이 있을까요?

A 부동산은 부채를 활용하여 돈을 버는 대표적인 투자입니다. 부채를 활용하여 세금 혜택을 받고 현금 흐름을 극대화하여 자산 가치를 높일 수 있습니다. 보통 부채에 대한 이자가 투자 수익률보다 낮을 때 수익을 낼 수 있지만, 반드시 합리적인 범위 안에서 활용해야 합니다. 처음 투자를 할 경우 적당한 수준의 레버리지를 활용하고, 전문 지식이 늘어나면 그때 보다 효과적으로 부채를 활용하기를 권합니다.

Q 미국 부동산 취득을 위해 미국 현지 부동산 전문가를 선임할 경우, 수수료는 얼마 정도인가요?

A 매수인이 부동산을 취득하는 경우 매수인이 지불하는 수수료는 없습니다. 미국은 부동산 거래 수수료가 매도인이 시장에 매물을 출시할 때 가격과 함께 정해집니다. 따라서 판매 가격을 기준으로 이미 수수료가 결정되어 있습니다.

16

Q 현재 대한민국에 거주하고 있습니다. 미국에 있는 부동산을 구입하여 잔금을 송금할 때의 절차와 제출 서류를 알고 싶습니다.

A 클로징 때 최종적으로 지급해야 할 금액을 클로징을 담당하는 에스크로 회사나 클로징 변호사의 에스크로 계좌로 송금해야 합니다. 송금 시, 한국에 있는 구매자가 한국에서 송금한다면 한국의 외국환 거래 규정에 따라 해외부동산취득신고서를 작성하여 보고해야 합니다. 해외 부동산을 취득하기 위해 자신이 거래하는 외국환 은행을 통해 해외부동산취득신고서를 작성하고, 취득 대금을 송금한 후 3개월 이내에 자신이 거래하는 외국환 은행에 해외부동산취득보고서를 제출해야 합니다.

해외 부동산 취득 대금을 송금할 때 외국환 은행에서 요구하는 서류에는 부동산매매계약서, 부동산감정평가서 또는 이와 동등한 서류, 매도자의 실체 확인 서류와 납세증명서 등이 있습니다.

17

Q 한국에 사는 투자자입니다. 개인이 아니라, 미국에서 현지 법인을 설립하여 미국 부동산을 취득하려고 합니다. 미국에 있는 부동산을 구입하여 잔금을 송금할 때의 절차와 제출 서류를 알고 싶습니다.

A 먼저 미국에서 법인 소유의 은행 계좌를 만듭니다. 그다음, 해외직접투자신고서와 사업계획서를 외국환 은행에 제출하면 미국 현지 법인 소유의 은행 계좌로 송금할 수 있습니다. 그러고 나서 미국 현지 법인 명의로 부동산을 구입하면 되는데, 이 절차는 미국인들이 부동산을 살 때 수행하는 일반적인 취득 절차와 같습니다.

18

Q 한국에 살면서 미국 부동산을 구입하기 위해 여러 번 미국을 갈 수는 없습니다. 클로징 때 매수자가 참석하지 않고도 클로징이 가능한가요?

A 가능합니다. 위임장으로 클로징을 할 수 있습니다. 클로징 단계에서 매도자나 매수자가 클로징에 참여하지 못하는 부득이한 상황인 경우, (클로징에 참여하지 못하는) 매수자는 클로징 변호사가 제공하는 위임장을 받아 한 명 이상의 증인과 공증인 앞에서 서명하고, 그들의 서명이 포함된 위임장 원본을 클로징 담당 변호사나 에스크로 회사에 제출해야 합니다. 이렇게 위임받은 대리인은 매수자를 대신하여 매수자의 클로징 서류에 서명할 수 있습니다. 단, 대리인은 18세 이상이어야 합니다.

Q 위임장 공증은 어디서 받나요?

A 대한민국 국민이라면 주한 미국 대사관에서 공증을 받을 수 있습니다. 하지만 정해진 클로징 날짜에 맞춰 주한 미국 대사관에서 공증받기가 쉽지 않다면 아포스티유^{Apostille}로 공증을 대신할 수 있습니다. 아포스티유란 두 나라의 협약에 따라 문서의 관인이나 서명을 대조하여 진위를 확인하고 발급하는 것으로, 일종의 확인 증서입니다.

Q 계약 체결 후에 계약금을 집주인이 아니라 꼭 클로징 변호사나 에스크로 회사에 주어야 하나요?

A 미국의 부동산 계약은 유형별로 차이가 있습니다. 미국은 취득 절차 과정마다 각각의 전문가들이 참여합니다. 클로징은 에스크로 회사나 클로징 변호사가 담당하고 완료합니다. 계약금은 주로 클로징을 담당하는 에스크로 회사나 클로징 변호사의 에스크로 계좌로 입금하는 경우가 많고, 대부분의 매수자와 매도자도 이 방법을 선호합니다. 그러나 반드시 그래야 하는 건 아닙니다. 계약서에 계약금은 누구에게 지불한다고 명시할 경우, 그것이 매도자나 신규 주택 건설업체일 때는 그들도 계약금을 받을 수 있습니다. 계약금 액수와 계약금 지급 대상 정보는 계약서에 명시된 그대로 진행하면 됩니다.

감사의 말

2024년, 성공의 기회를 찾는 모든 이들에게

나는 22년여 동안 '미국 부동산 전문가'로 활동하면서 미국 부동산 시장의 다양한 변화 과정을 직접 체험해 왔다. 그사이 정말 많은 변화가 있었다. 그리고 여기 맞서 민첩하게 시장을 분석하며 성공적인 부동산 투자 전략을 고민하고 연구하면서 슬기롭게 대처해 왔다.

부동산 시장은 주로 경제 사이클과 맞물려 변한다. 하지만 시장 사이클에 관계없이 항상 위기와 기회가 공존한다는 진리를 몸소 체득했다. 부동산 투자는 사업이다. 사업을 잘 운영하기 위해서는 지속적으로 여러 변수와 시장의 변화를 읽고 준비해야 한다. 언제나 기회는 있으니 그것을 찾아 사업을 진행해야 한다. 만약 익숙한 곳에서 기회를 찾을 수 없다면 다른 도시나 국가에서 찾아야 할 것이다.

하루하루 점점 더 빠르게 세계화가 진행되는 오늘날에는 온갖 변화와 혼란이 공존한다. 이 시대를 사는 우리는 마땅히 전 세계를 무대로 성공의 기회를 발견해야 한다. 종목에 상관없이 사업 계획을 잘 세우려면 사업할 지역의 시장을 파악하여 세밀하게 조사해야 한다. 마찬가지로 성공적인 투자 전략을 세우기 위해서는 투자할 지역의 시장과 트렌드를 세밀하게 파악하고 연구해야 할 것이다.

전 세계 어디에도 성공을 보장할 수 있는 지역은 없다. 그러나 투자할 지역의 시장을 읽고 트렌드를 파악하여 투자를 진행한다면 성공적인 투자자가 될 가능성이 크게 높아진다. 나는 『미국 부동산 트렌드 2024』가 성공의 기회를 찾는 모든 이들이 쉽게 의사 결정을 내리고 새로운 투자 전략을 구상하는 데 도움이 되길 바란다.

이 책을 매개로 미국 부동산 투자를 꿈꾸는 한국의 많은 독자와 만날 수 있는 기회를 준 ㈜이든하우스에 깊은 감사를 전한다.

미국 부동산 트렌드 2024

초판 1쇄 발행 2024년 1월 25일
초판 2쇄 발행 2024년 2월 14일

지은이 김효지
펴낸이 정병철
펴낸곳 ㈜이든하우스출판

출판등록 2021년 5월 7일 제2021-000134호
주소 서울시 마포구 양화로 133 서교타워 1201호
전화 02-323-1410 **팩스** 02-6499-1411
메일 eden@knomad.co.kr

ⓒ 김효지, 2024
ISBN 979-11-985641-0-8 (13320)

- 잘못된 책은 구입하신 곳에서 바꿔드립니다.
- 이 책은 저작권법에 의하여 보호를 받는 저작물이므로 무단 전재와 복제를 금합니다. 이 책 내용의 전부 또는 일부를 이용하려면 반드시 저작권자와 ㈜이든하우스출판의 서면 동의를 받아야 합니다.

 (주)이든하우스출판은 여러분의 소중한 원고를 기다립니다.
 책에 대한 아이디어와 원고가 있다면 메일 주소 eden@knomad.co.kr로 보내주세요.